思路，从班集体的建设到班级活动的具体开展，再到班级活动中使用的具体材
，可谓一应俱全，是班级活动中不可或缺的教育参考书。本从书以中小学班级活
为着眼点，为班主任和班级活动的组织者提供了一整套的解决思路
活动的具体开展，再到班级活动中使用的具体材料和案例，可谓一原
缺的教育参考书。

班级活动管理丛书

班级活动
与班集体教育

BANJI HUODONG GUANLI CONGSHU

> 班级管理是一个相互协作、彼此互动的过程，
> 也是一个动态发展、不断创新的过程。

本书编写组◎编

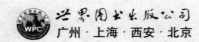

世界图书出版公司
广州·上海·西安·北京

图书在版编目（CIP）数据

班级活动与班集体教育／《班级活动与班集体教育
》编写组编 . —广州：世界图书出版广东有限公司，2011.3（2021.8 重印）
ISBN 978 – 7 – 5100 – 3347 – 6

Ⅰ．①班… Ⅱ．①班… Ⅲ．①活动课程 – 课程设计 –
中小学 Ⅳ．①G632.3

中国版本图书馆 CIP 数据核字（2011）第 036050 号

书　　　名	班级活动与班集体教育
	BAN JI HUO DONG YU BAN JI TI JIAO YU
编　　　者	《班级活动与班集体教育》编写组
责任编辑	冯彦庄
装帧设计	三棵树设计工作组
责任技编	刘上锦　　余坤泽
出版发行	世界图书出版有限公司　世界图书出版广东有限公司
地　　　址	广州市海珠区新港西路大江冲 25 号
邮　　　编	510300
电　　　话	020–84451969　84453623
网　　　址	http://www.gdst.com.cn
邮　　　箱	wpc_gdst@163.com
经　　　销	新华书店
印　　　刷	三河市人民印务有限公司
开　　　本	787mm × 1092mm　1/16
印　　　张	12
字　　　数	160 千字
版　　　次	2011 年 3 月第 1 版　2021 年 8 月第 3 次印刷
国际书号	ISBN　978-7-5100-3347-6
定　　　价	38.80 元

序　言

　　班级是学校为实现一定的教育的目的，将年龄相同、文化程度大体相同的学生按一定的人数规模建立起来的教育组织。班级不仅是学生接受知识教育的资源、也是学生社会化的资源、学生进行自我教育的资源。整个学校教育功能的发挥主要是在班级活动中实现的，一个班级的集体意识主要是在班级活动中形成的，每位学生自身的潜能同时也可以借助各种各样的班级活动得到挖掘与施展。

　　班级管理是一种有目的、有计划、有步骤的社会活动，这一活动的根本目的是实现当代教育目标，使学生个体得到充分、全面的发展。它需要广大教师朋友们根据一定的目的要求，采用一定的手段措施，带领全班学生，对班级中的各种资源进行计划、组织、协调、控制。班级活动状况直接关系到学生的学习效果，间接影响到学生的生活情趣，同时它对评估教师的教学质量也有一定的影响。

　　班级管理是一个相互协作、彼此互动的过程，也是一个动态发展、不断创新的过程。因此，只有参与班级活动的各个成员积极拿出激情，教师的管理、班干部的协助与班级各成员主动配合，管理者与被管理者大胆尝试、开拓创新，班级活动才能顺利地开展，班级管理才能有效地实施。因此，如何搞好班级管理，开展什么样的班级活动，应该是值得每一位学校、每一位老师，尤其是班主任老师们仔细考虑的。

　　本套丛书以促进学生各项潜能全面、协调发展，促进教师的教学事业的开展为基本出发点，采用基本理论与具体案例相结合的编写形式，分板块、有层次地对班级活动管理进行了归纳与探讨。我们参考了广大教育工作者在班级活动管理中的经验，引述了与此相关的成体系的、并得到教育界普遍认可的理论，借鉴了各地区、各学校成功开展班级活动的优秀案例，理论与实践相结合，抽象与具体相结合，以期为教师朋友们提供一套班级活动行动指南，并在此基础上帮助教师朋友们做好教学工作、搞好班级管理。

其中，《班级活动与班级体教育》阐明了班级管理的专业地位，对班级的教育问题进行了探究；《班级活动的设计与实施》从宏观上介绍了种类繁多、形式各异的班级活动；《如何创造性地开展班级活动》探讨了在新的时代形势、新的教育背景下开展班级活动的创新之途；《优秀班集体的建设与维护》从微观上提出了积极建设优秀班集体，努力维护和谐班集体的观点与建议；《班级活动游戏宝典》专门性地对多种班级游戏做了归纳与分类，针对性地提出了关于班级游戏的参考意见；《主题班会活动设计》五卷则对班会这一最普通、最常见的班级活动进行了细致的划分与专题性探讨，在形式上统一采用"班会目的＋班会准备＋班会过程"的基本编写模式，异中趋同，同中有异。

这套丛书将有助于教师朋友们拓展视野、打开思路，但班级活动管理是否能落到实处，实施中能否得到理想的效果，还是要通过实践的尝试与检验的。诚然，在具体的实施过程中，不可避免还会出现意料之外的种种困难，这就需要我们的教师朋友们具体问题具体分析，在参照我们的理论建议与案例参考的同时，立足自己的实际情况，因时而异做出适当调整。

总而言之，班级活动管理是一项长期的、有意义的任务，在大力提倡素质教育的今天，它又是时代对新课程教育提出的新要求、新考验。虽然在实施的过程中会遇到接踵而至的困难，但我们相信，只要学校加强重视，教师不辍尝试，孩子们终会得到一次又一次有意义的班级活动的，这些未来的建设者们也会在这一次又一次的参与中锻炼能力、收获新知的。

前进路上，我们与你携手并进！

前　　言

　　班级活动，顾名思义，是在班级内有组织地开展的各种活动。实际上，班级活动是一个不很确定、不很统一的概念，还有广义和狭义之分。广义的班级活动，是指教育者为了实现一定的教育目的，组织班级全体成员参加的一切教育活动，包括课堂教学活动、课外活动、社会实践活动等。狭义的班级活动则是指在学科教学以外，教育者为了实现一定的教育目的，组织班级全体成员参加的教育活动，包括作为必修课程的综合实践活动和作为选修课程的一般性的课外活动。本书中所探讨的即是这种狭义的班级活动。

　　实践证明，相比学科课程，班级活动对于发挥班集体的教育作用有着不可替代的优势。它给予学生直接经验，密切联系学生自身的生活和社会生活，体现对知识的综合运用。改变学科教学中过于强调接受学习、死记硬背、机械训练的现状，倡导学生主动参与、乐于研究、勤于动手，建立自主学习、合作学习、探究学习的学习方式，通过学习方式的转变，培养学生搜集和处理信息的能力、获取新知识的能力、分析和解决问题的能力以及交流与合作的能力，实现学生的全方位和谐发展。

　　本书对班级活动与其教育的阐述主要围绕综合实践活动的四大制定领域包括研究性学习、劳动与技术教育、信息技术教育以及社区服务与社会实践，涉及综合实践活动课程的理论和实践的诸多方面。当然，这并不是班级活动的全部内容。四大指定领域在逻辑上也不是并列的关系，更不是相互割裂的关系。研究性学习是综合实践活动课程的基础，它倡导探究式学习方式，渗透到综合实践活动课程的全部内容之中。信息技术教育、社区服务与社会实践、劳动与技术教育是研究性学习的重要内容。除此之外，班级活动还包括了许多非指定领域，如班团队活动、学校传统活动、学生同伴之间的交往活动、学生个人或群体的心理健康教育活动等。这些活动可以单独开设，也可与综合实践活动课程的指定领域相结合，一并开设，当然其课程目标的指向是一致的。

班级活动包括综合实践活动课程是新一轮基础教育课程改革的一大亮点，是广大中小学教师面临的一个崭新课题。我们希望本书能为广大教育者包括教师、班主任以及学校领导提供一些启发和思考，能够帮助教师转变长期以来形成的"学科本位"的课程观，形成实践的课程观，正确认识综合实践活动课程的性质，切实确立主体意识，发挥学生的主体性，尊重学生的生活经验和发展需要、兴趣和爱好，作为活动的组织者、引导者、参与者和帮助者，与学生在活动中一起成长，共同发展。

目 录

第一章　班级活动的教育理论基础

　　班级活动要实现其教育功能，必须得到理论上的支持。班级活动课程的设置，反映了时代对人的知识和能力提出了新的要求。明确班级活动课程的教育理论基础，特别是与之相关的哲学认识论、心理学理论以及相关的教学理论对理解班级活动的目标、功能及其实施原则，提高投入课程改革的积极性和自觉性是至关重要的。

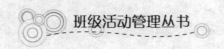

第一节　班级活动指导思想的理论基础

　　教育理论或教育思想，源于教育实践却不囿于教育实践；受制于当时生产力发展的水平，却又不仅仅是社会生产力的产物。它们交织着知识架构、价值取向和时代精神，是人们的理性思维和想象力的产物。不同的哲学认识论，常是各种教育理论或教育思想的核心和基础。

　　班级活动课程的开发和实施，归根到底会触及人们的认知内容和认知方式，要借助理论的支持和帮助，首先即是要求助于人们的哲学认识论。

一、与班级活动课有关的哲学认识论

　　每一时代的社会经济结构及其发展，都会对教育提出不同的要求，反映在教育思想和教育理念方面，就产生了与时代生产水平和社会发展相适应的各种不同的认识理论，进而对那个时代的教育产生深远的影响。当前影响新课程改革和班级活动发展的哲学认识论，主要有以下几种值得我们关注。

1. 客观主义的认识理论

　　客观主义认为世界是实在的、有结构的，而这种结构是可以被认识的，因此存在着关于客观世界的可靠知识。人们思维的目的是去反映客观实体及其结构，由此过程产生的认识取决于现实世界的结构。由于客观世界的结构是相对不变的，因此知识是相对稳定的，并且存在着判别知识真

伪的客观标准。

　　教学的目的便是将这种知识正确无误地传递给学生，学生最终应从所传递的知识中获得相同的理解。于是在传统教学中，教师作为这些知识的掌握者，通过对学生认识活动的直接或间接的干预，使学生以非亲身经历的间接方式，高效率地掌握这些知识和技能。所以，在这样的教育中教师处于教学活动的中心地位。

　　2．人本主义的认识理论

　　人本主义的认识观，不是从外部世界对人的发展所提出的要求来看待人的学习，而是从个体自我实现的角度来考察人的学习。人本主义认为，要理解人的行为，就必须理解行为所知觉的世界，即要知道从行为者的角度来看待事物。在了解人的行为时，重要的不是外部事实，而是事实对行为者的意义。如果要改变一个人的行为，首先必须改变他的信念和知觉。当他看问题的方式不同时，他的行为也就不同。

　　换言之，人本主义者试图从行为者，而不是观察者的角度来解释和理解人的行为。他们所关注的是个人的感情、知觉、信念和意图，在他们看来，如果学习内容对学生没有什么个人意义的话，学习就不大可能发生。因此，他们感兴趣的是自我概念的发展、人际关系的训练，以及其他情感方面的内容。所以人本主义的教育目的是发展能够快乐地过有意义的生活的个体。

　　人本主义心理学家罗杰斯认为，大多数从学习者角度认为有意义的学习是"做中学"的。他认为促进学习的最有效的方式之一，是让学生在真实的问题情境中，直接体验到面临的实际问题、社会问题、伦理和哲学问题、个人问题和研究的问题等。由于这些问题可以使学生直接体会到所要进行的学习对自身的意义，所以他们会全身心地投入学习活动。在这种"意义学习"中（对个人来说有意义），学习者将会充分运用左右半脑，把逻辑与直觉、理智与情感、概念与经验、观念与意义等结合在一起。当他们以这种方式学习时，就成了一个完整的人。

　　由此可见，创新和实践需要个体在意义学习中与情感和非理性相结合才能实现。罗杰斯还认为，当学生以自我批判和自我评价为主要依据，把他人评价放在次要地位时，独立性、创造性和自主性就会得到促进。所以教师的任务是构建真实的问题情境、提供学习的资源、使用师生合作、利用社区、组织同伴小组、探究训练和组织自我评价。在这种学习中学生处于自主的地位，教师是学习的促进者。

3. 建构主义的认识理论

在知识经济和信息时代，社会与经济的发展，除了仍然需要科技进步和科技创新之外，很大程度上还依赖于全社会从业人员的知识创新和人文关怀。这种创新在相当程度上不再是强调客观性，因果决定论和逻辑思维的知识，创新具有多样的复杂性、随机性和混沌性，需要人们大量地运用直觉思维、形象思维、发散思维、情感、无意识等非理性思考。知识不再单纯是社会历史认识的产物，而是个人经验的统合。与此相适应的哲学认识论是建构主义的认识理论。

乔纳森对建构主义理论作如下解释："建构主义认为实在无非是人们的心中之物，是学习者自己构造了实在或至少是按照他的经验解释实在。每一个人的世界都是由他自己的思想构造的，不存在谁比谁的世界更真实的问题。"这体现了建构主义的一个重要结论：理解依赖于个人经验，即由于人们对于世界的经验各不相同，人们对于世界的看法也必然会各不相同。知识是个体与外部环境交互作用的结果，对事物的理解与个体的先前经验与认知倾向有关，因而对知识正误的判断只能是相对的。知识不是通过教师传授得到的，而是学习者在与情景的交互作用过程中自行建构的，所以学生应处于中心地位。

建构主义强调个体对外界环境反映中的主观方面，强调知识的相对真理性，强调个体主观反映的多样性和新异性的价值，并认为这种知识不能通过教师的间接作用来获得，必须通过个体与真实环境的广泛深入的直接相互作用才能形成，这就为知识的创新和广泛的实际应用提供了空间。由于个体与真实环境的接触范围是很有限的，信息技术的虚拟现实功能和丰富的学习资源可以弥补这一不足，成为个体与环境相互作用的重要中介。

所以在信息时代，应用信息技术是知识创新和知识应用的必要条件。

通过上面的介绍我们可以看出，传统的教育是工业时代的产物，其目的是继承前人的社会历史的认识成果。为顺利地达到这个目的，教育和教学过程对学生的认识活动进行了较多的干预，付出的代价是学生只形成了学习别人理论的能力，而创新能力、实践能力和人际交往能力的发展受到了很大的限制。

建构主义和人本主义作为一种教育哲学流派，为克服我国传统教育的弊端彰显出一定优势，可以作为我们当前进行的课程改革提供某种启迪和借鉴。班级活动中的综合实践活动课程的开设便适应了时代发展的需要，为以上这些能力的发展提供了必要的学习条件，亦可以从建构主义和人本主义的哲学认识论中汲取一定的营养，助其成长。

二、班级活动课程的理论基础

前面谈及的三种与班级活动有关的认识论，班级活动的实施和开发都可以从中汲取某些营养，但我们却很难将它们视为班级活动生存和发展的理论基础。这是因为，客观主义的认识论，即是机械唯物主义的认识论；人本主义的认识论，主要从个体自我实现的角度考察人的学习和认识过程，忽视人的认识过程中的社会因素的作用；至于建构主义，这一来自西方的教育思想，在其原产地实际上有许多流派，它们之间至今争论不休，莫衷一是。那么，究竟什么理论才有能力、有资格来指导班级活动课程，进而成为其思想理论基础呢？它就是马克思主义的重要组成部分——马克思主义人的全面发展学说和辩证唯物主义的认识论。

1. 从马克思主义人的全面发展学说汲取营养

在马克思主义看来，人的发展是人的本质的发展，而人的本质的发展首先表现为人的劳动能力的发展。马克思主义又认为，人的本质是一切社会关系的总和。人的发展无不现实地表现在具体的社会关系变革中，正是人的社会关系实际上决定着一个人能够发展到什么程度。马克思主义还认为，人是自然、社会和精神的统一，这是马克思主义关于"完整的人"的基本特征的科学描述。马克思正是从造就"完整的人"的高度，提出并论述人的全面自由和充分发展的主张的。

马克思主义关于人的全面发展的理论，与我国教育方针，以及当前倡导的素质教育，其内涵具有高度的一致性。今天，推进以人的发展为核心价值的全面素质教育，自然应该以这样的理论为指导思想。

教育是引导儿童和青少年系统社会化的过程。培养什么样的人，怎样才能使今天在校学习的学生能够顺利走向社会，并能适应未来社会的要求甚至引导社会的发展，是今日教育面临的严肃课题，我们希望从实施和操作层面推进素质教育的进程，就要善于从马克思主义人的全面发展的学说汲取理论营养，确定课程的价值取向和教育功能，构筑课程的理论体系和课程结构，充实课程的内容重点和实施策略。总之，班级活动的实施，应该全面贯彻马克思主义的全面发展学说的精神。

2. 辩证唯物主义的认识论是班级活动课程的认识论基础

马克思主义是当代完整的科学世界观，是不断发展的哲学认识论，它虽然不是直接的教育理论，却能够给教育研究以原则性的指导。

在马克思主义看来，世界是物质的，物质是运动的，运动是有规律的，规律是可以认识的，而认识是没有止境的。这就是辩证唯物主义认识论的基本思想，在学校里设置班级活动，就是要帮助和引导学生在学校学习期间，学习主动探究隐藏在事物表面之下的规律性的方法，从探究的实践中感悟探索的过程既有赖于人们对现象进行的仔细和认真的观察，也有赖于为理解这些观察而创造的理论以及人们对这些理论掌握的程度；明白探究的过程只要是严肃认真，脚踏实地的，纵然无法保证寻求到最终的绝对真理，但仍然会取得日益精确的逼近；明白在科学研究的过程中，挑战已有结论或权威是促进科学发展的根本规律。这一切，从根本上讲，都是辩证唯物主义认识论的应有之义。

实际上，对班级活动的研究，本质上就是探索课程开发和实施规律性的问题，需要时刻保持清醒的头脑，既要对活动实施中涌现出的问题和现象保持高度的敏感并进行深入的观察，又要认真地学习相关的理论，用以指导对发现问题或现象的分析和研究，还要敢于对某些看似时髦的观点加以理性的怀疑，看其是否合乎实际，是否合乎逻辑，是否真有道理。只有如此才能从理论和实践结合的层面上发现和总结活动开发和实施的规律性的东西，获得具有原创性质的研究成果。当然，要做到这一切，只有借助辩证唯物主义认识论这一科学思想武器为指导才是唯一正确的选择。

三、用"认知双螺旋"指导班级活动课程建设

哲学揭示的是世间一切事物共同的规律，不能简单地套用于具体问题的解决。解决教育问题，需要教育哲学。班级活动课程的设置、实施和开发，关系到课程建设，又涉及儿童学习方式，二者的核心和依据是儿童的认知规律也即涉及教育哲学的问题。

推进班级活动课程的发展，必须研究儿童的认知规律，符合儿童认知规律的课程，才是好课程，符合儿童认知规律的学习方式才是好的学习方式，有了好课程、好的学习方式才能实现好的教育。那么，什么是儿童的认知规律呢，它有什么特点，又怎样影响人的认知和教育的发展过程呢？

1. "认知双螺旋"反映儿童的认知规律

心理学认为，人类有两种有效的学习方式：继承性学习和实践性学习。人们通过继承性学习，了解前人的优秀文化成果，掌握人类既有的人文和科学的系统知识；又通过探索、发现等实践性学习，掌握相关技能、方法等经验性知识。两种学习方式，都是人们不可或缺的认知途径，两者的综合作用，既积累可以用概念、命题、公式、图形等加以表达的显性知识，又掌握大量没有系统性，无法用语言说出或进行传达的缄默知识，两者的共同作用最终形成每个人独具特色的认知风格和知识网络。

依据对一般事物发展规律的认识，结合对典型个案的研究，人们不难理解，无论继承性的系统学习，还是经验性的实践学习，其知识形成和发展的过程都是螺旋式的，将二者结合起来，不妨模仿人类"基因双螺旋"的称谓，将其称为"个体人认知形成和发展的双螺旋结构"（简称"认知双螺旋"）。"基因双螺旋"是物质的，其发展结果形成的是成长中的物质的人；"认知双螺旋"是"虚拟"的，其建构过程和质量水平，则主导了个体人的成长过程和发展水平，造就的是精神的人。

唯物辩证法主张从事物内部的关系去研究事物的发展，认为事物发展的根本原因在于事物的内因，即事物内部的矛盾性。而事物的运动又和它周围的事物互相联系、互相影响着。用这样的观点考察人的认知过程，分析人们认知过程中的矛盾现象及其表现形式，就会发现，人们认知过程的基本矛盾即是知与行、理论和实践这一对矛盾。人们在生产和生活中与周围事物不断发生交往和交流，其认知过程中知和行、理论和实践这一对矛盾亦随之演绎和变化，形成人们认知发展的"轨迹"。因此，认知双螺旋即是对立统一规律在人们认知过程的具体反映。因为人们的认知过程又是和周围事物互相联系着的，是在人们对周围事物认识过程中形成和发展起来的，所以认知双螺旋也便反映了人们对周围客观事物的认识过程。

2. 认知双螺旋的基本特点

既然人的认知形成和发展是继承性学习和实践性学习两种过程共同主宰的，那么，这两种过程又是怎样的一种关系，"认知双螺旋"的两个螺旋之间又是怎样互相关联着的呢？对此不妨可以用共生性、互动性和发展性予以说明。

认知双螺旋的共生性，是说认知过程的两只螺旋纵向上是同时发生，协同发展的。当儿童还处在襁褓之中时，两种学习过程即已发生。试想，当儿童来到我们这个世界上的时候，其最初关于"冷"、"热"以至"上""下"、"远"、"近"等诸如此类的概念，哪一项不是通过父母的说教（继承性学习）和他们自己的感受（实践性学习）双重作用下形成的呢？之后，伴随着年龄日益增长和阅历的日趋丰富，他们的学习方式会不断发展和变化，从"做中学"到"学中做"直至"为做而学"和"为学而做"，然而两种学习方式却始终交融在一起，终其一生成为他们获取知识营养的不二源泉。

双螺旋的互动性，是说在横向上两种学习方式或认识过程也是互相联系、相互影响着的：搞得好，它们会互补互促，实现相辅相成、相得益彰的效果；搞不好，就会互相掣肘，相互误导，也可能会出现负面的结果，造成认识上的障碍。对于前者，比较容易理解，因为儿童的任何实践都会运用此前获得的知识或经验作指导，这其中通过继承性学习获得的系统性知识会起着重要作用，实践的结果又会加深他们对这些知识的认识和理解；儿童对任何继承性学习获得的知识，都会运用自己的经验去理解，而理解了的知识又可以帮助他们加深对实践的感受和体验，强化对实践活动的指导。如此良性循环，自然会使儿童不断地深化对客观世界的认识过程。之所以会出现相反的情况，则大多是因为思想路线错误或对学习过程实施不当所致。

认知双螺旋的发展性，主要表现在其自身所具有的自主调节功能上面。当学习主体通过主动选择和自主学习，实现与外界的信息交换时，双螺旋内部将会自己进行调节，形成局部或总体的同化或顺应，并不断更新其结构自身：系统知识具有很强的工具性，会发挥沟通和组织实践知识的作用，而实践知识又会以其真理性和灵活性，不断充实并完善系统知识的内化过程。此外，由于长期的、特别是有意识的实践过程积累的丰富的缄默知识，经过总结和反思，也可以转化为显性知识，丰富自身认知结构，其中更可能以个人创造的成果形式，成为人类共同的财富。正是由于认知双螺旋结构具备这种自组织特点，随着社会发展的需要和人们主观努力的不断进行，通过继承和实践两条渠道获得的真理性的知识，就能不断丰富和完善个体人的认知水平和智能结构，并最终形成每个人独具特色的知识体系和智能网络。

认知双螺旋具有的共生性、互动性和发展性的特点，形象地反映了人们能动鲜活的认知过程，较好地解释了人们通过继承和实践两条渠道获取营养，提高认知能力，完善智能结构的过程。据此，可以不难得出结论：

第一章 班级活动的教育理论基础

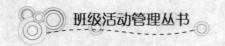

有效的学习既不是单纯地获取前人的知识，由系统讲授决定一切，一切听命于教师的主导作用，也不是全部回归生活，所有学习都要从情境开始，凡事都要自主、合作、探究。正确的态度只能是努力实现两种学习方式的有机结合、有效运用。而这也正是班级活动开展的基础。

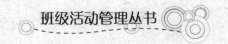

第二节　班级活动课程的心理学基础

班级活动实际上是一种基于实践的学习，一种以积极的情感体验和深层次的认知参与为核心的学习方式。与传统的学科课程不同，班级活动课程不以知识的获得为主要的目标，其教育功能是在涉及"客观世界"、"社会世界"和"主观世界"的实践活动中，发展解决现实问题的能力和获得相应的情感体验。班级活动的这一特点，对教师在实际教学工作中，可操作地实现教育功能提出了较大的挑战。学科课程中的知识教学不存在操作上的困难，因为知识在教材中是明确地写着，对教师而言是完全掌握了的。而过程性学习中的各种能力发展和态度情感的形成，是潜藏在各种具体的活动中的，经过什么样的认知活动和情感体验才能实现课程的教育功能，仅从活动的内容中是找不到答案的。这就要求我们在心理学水平上理解课程目标所要发展的各项能力是什么，就如同在学科教学中教知识时我们必须知道知识是什么一样，只有如此，才能在这种学习过程中可操作地实现其能力发展的目标。

从心理学的角度看，班级活动课程的能力发展任务，是培养学生在真实的问题情境中，通过亲身实践和体验，形成对自身、对社会和对自然的认知能力、创新能力和实践能力。

一、认知能力形成的心理学基础

认知能力就是人获取新知识的能力。美国心理学家斯腾伯格的"知识

——获得成分"智力理论，分析了人在获取知识时内部的信息加工过程，揭示了认知能力的心理本质，这些成分是：

1. 选择性编码

选择性编码指将相关信息从无关信息中挑选出来。当新信息在自然情境中出现时，与个体特殊目的相关的信息存在于大量与目的无关的信息之中。学习者的一项重要任务是"筛糠取粮"，将那些与目的有关的信息从呈现的大量信息中区别出来。

例如，当学生在研究汽车消耗燃油（能量）做功的问题时，就要从汽车拉货的实际情境中，考察消耗一定量的燃油所做的机械功都与哪些因素有关。通过选择性编码，发现消耗同样的燃油，轻车可以跑长路，而重车只能跑短一些的路，即做功与力和距离有关。这时的所谓编码，就是将轻车、重车时汽车所需的牵引力，用物理概念"力"来表征；长路、短路用"距离"来表征。

心理学对文章阅读过程中思维活动的研究表明，有效的阅读并不产生于对全部语言成分做精确的知觉和辨认，而是取决于阅读者的技巧，即选择最少的、最有生产力的和对产生第一次正确的猜测所必需的提示。阅读者能预测尚未读到的下文内容的能力，这对阅读十分重要。这种在文章阅读中的猜测与确证，存在于文章中的指示语、概括语、情态语、主旨句、过渡句等关键语句的选择性编码之中。

2. 选择性组合

选择性组合指将经过选择性编码的信息组合起来，以形成完整而适当的整体。仅仅将有关信息从无关信息中分离出来不足以产生新的知识结构，个体必须知道如何将信息组合成一个内部互相联系的整体。例如上面的例子，当在研究机械功时，选择了两个变量"力"和"距离"之后，就要考虑这两个变量之间的关系，在汽车消耗相同能量做功的条件下，力和距离是乘积的关系还是相加的关系等。

再如，在阅读理解中，当依据某些关键语句提出理解预测后，还要通

过对预测的确证才能获得文章的确切含义。关键信息指引读者按照预测在文章中去寻找期望的信息，若找到了相应的信息，则与先前的信息组合起来就取得了文章的意义。理解是读了上句预测下句，读了开场白等待下文，是在确证下文的选择性组合的动态过程中实现的。如果后续的信息超出了自己的预测，则经过选择性组合，读者就获得了新消息或新知识。

3. 选择性比较

选择性比较指将新获得的信息与过去获得的信息相关联。选择哪些新信息进行编码，如何组合它们的信息加工不是发生在真空中，相反，人在获取新知识时总是要借助提取相应的原有认知图式（认知图式是关于某类事物的知识、技能和策略的内部心理组织），来引导对新信息的选择性编码和选择性组合。如果新的信息不能同旧的知识发生联系，用旧知识作为认知工具去整合新信息的话，那么新信息再多也没用。

例如在前面的选择性编码的实例中，如果学生不能提取汽车拉货的生活经验，就不能去考查在消耗相同的燃油（能量）的条件下，轻车、重车拉货的情况，从而也就无从发现做功与力、距离有关的信息选择；再如，在学习"速度"概念时，学生若不能提取出小学数学中"工作效率"的原有概念图式，则在研究距离和时间都不相同的两种情况下如何比较快慢的问题时，就不能将"速度"、"时间"、"距离"这三个变量进行正确的意义组合，形成速度的数学表达式。

以上是认知能力的内部信息加工机制。在传统教学的环境下，教学如果采取的是接受性学习的方式，则学生信息加工的活动几乎完全被教师的示范所替代了，所以学生只获得了知识结论，而没有形成自己获得知识的能力；若采取启发式的方法，教师部分地取代了某些信息加工活动，学生将获得一定的认知能力，但仍然缺乏在真实的问题情境中选择信息、组合信息和比较信息的能力。由于传统教学中这些利于学生获得知识结果的教学替代，使得学生形成的认知能力只擅长记忆和分析书本中他人的理论。以这种方式培养出来的学生往往缺乏在实际生活中获取知识解决问题的能力，同样也不能发展在专业领域和实际生活中提出自己创见的能力。

第一章 班级活动的教育理论基础

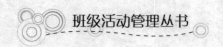

4. "知识获得" 信息加工的外部条件

班级活动课程的学习方式是综合性、实践性和自主性的学习活动。在这类活动中的问题情境与传统教学有很大的不同。

班级活动中的问题解决，深深地扎根于多重背景之间，解决这些问题需要对背景敏感，而且需要哪些信息通常并不明确，通常也并不清楚从何处可以搞到这些信息。例如某一班级活动的主题是了解什么是克隆技术，学生需要到网上去查找有关信息。但是访问哪些网站，在所访问的网站上哪些是有用的信息，都是不清楚的，这对学生 "选择性编码" 的信息加工能力提出了挑战。

班级活动中的问题，其结构性比较差。课堂中的问题一般都是良结构性问题，可以清晰而具体地列出一步步的解决方案；而生活中的问题通常是结构不良的问题，即在各个信息之间构成什么关系，以及这些关系的意义并不明确，这对学生 "选择性组合" 的信息加工能力提出了较高的要求。

班级活动中的问题通常没有单一的标准正确答案，甚至究竟什么是正确答案的标准也很不清晰。例如，某一研究性学习的问题是："非洲很热，缺少粮食，人们将怎样生存？"这个问题恐怕就没有标准答案。问题解决得如何，很大程度上取决于学生是否能够灵活应用原有的知识经验与新信息进行选择性比较。

可见，班级活动为学生自主进行这三项信息加工的活动提供了较多的机会。但学生是否能够有效地进行这种信息加工，还取决于内部的原有信息加工能力，只有当外部的条件与内部的条件相适应时，学生才能在一定程度上进行这些信息加工的活动，从而使学生的认知能力得到发展。

以下是一些影响学生进行认知信息加工活动的主要外部因素，在教学中控制这些因素，使之与学生的信息加工能力相适应，是保证学生认知能力得到有效发展的重要方法：

（1）进行选择性编码信息加工的外部条件

影响学生对学习材料进行选择性编码的因素有两个：一个是认识对象

的范围和典型性；另一个是认识方向和目标的明确性。在班级活动中，学生能否有效地进行选择性编码的信息加工活动，将取决于问题情境的设置，在问题情境中认识对象的范围大小，认识材料的关键特征是否突出等，对学生的选择性编码能力提出了不同程度的要求。

在传统教学中，由于获取知识结论是主要的目标，所以往往对认识对象的范围和特征进行了较大的简化处理；但在班级活动活动中，若将学生一下置于现实背景的复杂问题情境中，也会使学生束手无策，有效的信息加工活动同样也不会发生。所以，问题情境中认识对象的设置，需要依据学生的认识能力和实践活动内容的特点，在范围和典型性方面为学生创造进行选择性编码的机会和条件。

学生对认识对象中的哪些信息进行特殊的注意是由认知倾向所决定的。通常新异的、生动的信息容易引起学生的注意，但为了获得有意义的新知识，需要学生在意志努力下注意一些关键信息，引起这一认知倾向的外部条件是认识方向和目标的指引。由于在传统教学中直接提供了认识目标和关键信息，则学生就不需要去考虑哪些信息是重要的，需要引起特别注意的问题；但在班级活动中，学生若不能明确活动的目标，则依据目标选择信息的加工活动同样也不会发生。所以，依据学生的认识能力和活动内容的特点，对活动的认识方向和认识目标进行恰当的设置，是使学生有效地进行选择性编码信息加工的外部条件。

（2）进行选择性比较信息加工的外部条件

影响学生对学习材料进行选择性比较的因素也有两个：一个是原有相关知识经验的清晰和稳固；另一个是定义当前问题性质的正确性。在教学中，引导学生深入分析当前问题的性质，是促使学生提取相关原有认知图式，进行选择性比较信息加工的外部条件。注入式的教学是直接告知知识的结论，而不是充分利用学生原有的认知图式能动地获取新知识，则选择性比较的信息加工受到了较大的限制；但在班级活动中，学生若不明确当前问题的性质就失去了提取原有相关认知图式的正确线索，同样也不能进行有效的选择性比较的信息加工。例如，在学习"速度"概念的定义式

第一章　班级活动的教育理论基础

时，引导学生分析当两个物体的运动时间和运动距离都不相同时如何比较运动快慢的问题，就是为选择性比较的信息加工创造了外部条件。当学生意识到当前问题的性质是：当新概念涉及两个变量，而两变量都无法固定时，应采用什么方法的问题。揭示了这一问题的实质后，学生就有可能联想到学习"工作效率"时的同类问题，将那里建立"效率"概念时所采用的比值的方法与当前问题进行比较，用原有经验中的一般方法来解决当前的问题。所谓明确问题的性质，就是在更高的概括层次上使原有经验与当前问题建立联系。当然，实现这种选择性比较的前提，是学生对原有知识经验的牢固掌握。

（3）进行选择性组合信息加工的外部条件

影响学生对认识材料进行选择性组合的因素是：按照原有认知图式或假设图式组织新信息；依据外部事实来组织新信息。用认知图式组织新信息是一个推理的过程，当选择性比较的信息加工按照一定的标准建立了事物间的联系之后，用原有认知图式中的结构关系来预测和组织新事物中各因素之间的关系，便是选择性组合的信息加工。这就是布鲁纳所说的"人要超越所给予的信息，只有通过类别才可能作出推理。一件事物的意义在于把它置于假设性推理的网络中，然后对它的特征和效应作出推理。"所以，选择性组合信息加工的外部条件是使学生明确原有认知图式中的逻辑结构，并应用这种结构去组织新事物中的各种信息。

在传统教学中，推理过程往往是由教师直接演示的，使得学生的选择性组合信息加工得不到发展的机会；若在班级活动中，学生缺乏按照类别的性质结构进行推理的能力，同样也不能进行有效的选择性组合的信息加工。所以依据学生推理能力的内部条件，设置外部的推理线索是促进这一信息加工能力发展的关键。

在班级活动中，并不是所有新知识都可以通过逻辑推理从旧知识中获得。在许多情况下原有知识是一些具体的经验，从这些具体经验中抽象概括出一类事物的本质属性和规律，即对选择出来的信息进行组合，在很大程度上将依赖于将假设的图式与外部的信息进行检验。当学生能够按照假设图式中的性质结构主动地用事实去进行全面的检验时，自主的选择性组合的信息加工能力才能得到真正的发展。所以在班级活动中，提示学生对思想观念的真确性、普适性、自洽性和完备性进行事实检验，是促进选择性组合信息加工能力发展的重要指导方法。

二、创造性能力形成的心理学基础

斯腾伯格分析研究了创造能力的内部信息加工过程，指出创造能力主要表现在两种具有新异性的信息加工活动中：

1. 发现并理解新异性问题的信息加工

这种创造性主要表现在对新异性的问题的敏感和对问题实质的深刻洞察方面。具有认知能力的人，可以很好地解决别人提出来的问题，但他们并不能总在第一时间里发现问题的存在。训练学生解决已经准备好的问题，并不能培养他们自己发现和选择重要问题的能力。

在科学发展史上，对新异问题具有深刻洞察力的例子是很多的。例如青霉素的发现。1928 年的某一天，英国细菌学家弗莱明发现，在他培养病菌的器皿中长了绿毛（发霉了）。他没有像一般人那样，认为这次实验失败了，将发霉的样品丢掉，而是敏锐地发现在绿毛周围的病菌都死了。这使他深刻地意识到，也许是这些绿毛将病菌杀死的，这在医疗上的应用是非常有价值的。

再如 X 射线的发现。德国物理学家伦琴在一次研究稀薄气体放电现象的实验中意外地发现，在距离他实验用的阴极射线管 1 米以外的荧光屏上发出了荧光。这一现象使他很惊讶，因为他明白阴极射线只能在空气中行进几厘米，而绝不能使 1～2 米以外的荧光屏发光，那么使荧光屏发光的射线究竟是什么呢？伦琴没有放过在实验中所出现的这一偶然现象，凭借对新异现象的敏感和洞察力，对此进行了深入研究，得到了 X 射线的一些重要物理特性。尤其是他用 X 射线所拍摄的人的手骨像，引起了医学界的重

第一章　班级活动的教育理论基础

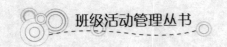

视，并立即得到了应用。

2. 通过顿悟解决新异性问题的信息加工

这类问题的新异性不是表现在发现问题和洞察问题的信息加工能力上，问题的发现和理解并不困难，困难的是找不到解决问题的办法。斯腾伯格称这类问题的解决是顿悟的信息加工，并指出顿悟的信息加工过程与"知识——获得成分"的过程在形式上是同样的。即都要经过"选择性编码、选择性组合、选择性比较"的信息加工过程，所不同的是在顿悟过程中，新信息与原有知识经验的联系比较微弱，往往需要通过某些非常规的联想才能完成。

斯腾伯格的顿悟理论揭开了创新思维的神秘面纱。认知思维与创新思维之间的信息加工方式是相通的，只是在新异性方面是一个由熟悉到全新的连续体。对不同的新异性问题的解决，表现为不同程度的创新能力，而不是像"特殊加工"学派所说的那样，顿悟只发生在使正常推理加工发生短路的全新问题当中，而且顿悟必须经过广泛无意识的思维跳跃来完成。另一方面，顿悟也不是像"非特殊加工"学派所说的那样，仅仅是普通知觉、再认、学习和想象过程的延伸。虽然顿悟在心理学界还没有取得广泛一致的看法，但斯腾伯格关于顿悟的连续性理论对教学是有意义的。在教学中，只要问题的解决具有某种新异性，这种问题的解决就在某种程度上发展了学生的创新能力。

选择性组合的信息加工需要个体知道如何将相关信息组合在一起。当这种组合具有某种新异性时，问题的解决就是一种创新。在日常的工作和生活中，这种顿悟思维并不是罕见的。例如，当律师将某些表面上与案件关系不大的事件，与其他相关信息很有说服力地组合在一起，并打赢了一场官司时，律师就运用了顿悟思维。刑警在破案过程中也需要经常进行这样的顿悟思维，将表面上没什么联系的事物组合在一起对案情进行推理。悉尼歌剧院的设计师将贝壳的造型与建筑物组合在一起，形成了建筑艺术上的创新。

创新性的选择性组合的信息加工，在科学发展史上也有很多。例如，牛顿力学的创立就是将伽利略、开普勒等人取得的成果经过进一步的抽象综合而产生的。在现代物理学发展中，美国物理学家格拉肖，首先提出了将核内相互作用力与电磁力相统一的理论，并因此获得了 1979 年诺贝尔物理学奖。最为人们所熟悉的是，达尔文历经多年积累，获得了形成自然选择理论的大量事实，那些年来一直使他困扰的就是如何将这些事实组合成一体。

选择性比较的信息加工，需要个体将新获得的信息与原有的知识经验联系起来，从原有经验中部分地获得解决新问题的办法。当新信息很难与原有信息直接建立联系，或在这种联系中原有经验所提供的启发帮助比较微弱时，这种问题的解决便是顿悟思维。在选择性比较信息加工中的顿悟思维往往是发散思维和类比思维。发散思维是与正向思维、集中思维、求同思维相对立的思维方式，即求异思维、逆向思维和侧向思维。这是在问题解决的思维方向上借鉴原有的经验，即当沿着某一方向问题不能得到解决时，改变问题解决的方向，往往有望获得成功。例如在治癌药物的研究中，传统的正向思维是用药物或射线杀死癌细胞，但这样做正常细胞也被杀死了。逆向思维是不杀死癌细胞，而是使它转变成正常细胞。类比思维是将两种表面无关的事物在某种层次上建立联系的思维。例如，美国发明家莫尔斯在 19 世纪 30 年代发明了电报，并创造了至今仍在电报通信中应用的莫尔斯电码。当时他遇到的最大障碍是远距离通信时信号发生衰减的现象。他先采用放大原始信号的方法，但是没有成功。有一天，他搭乘驿车从纽约到巴尔的摩去。他在旅途中观察到，邮车每到一个驿站就要更换拉车的马。他产生了一个想法：在电报线路沿途设若干个转发站，不断放大信号，这一想法终于解决了电报信号长途传输的衰减问题。

三、实践性能力形成的心理学基础

斯腾伯格将实践性能力称为"实用——情境性思维"，并把它分为两类。一类是社会智力，主要体现为人际关系能力；另一类是实践智力，体

现为应用正规和非正规知识处理日常生活问题和日常工作问题的能力。

1．社会智力

社会智力是人生的一项重要能力。具有人际关系智力的人，富有远见与善解人意，能够考虑自己行动的结果，预期他人的行为，确定可能的得失，并成功地处理周围的各种人际关系问题。美国心理学家坎贝尔在《多元智能教与学的策略》一书中，列出了人际关系智力发展良好的人的一些特点：

（1）与父母关系亲密并能与他人交往。

（2）能建立并保持社会关系。

（3）能认识并使用各种方法与他人联系。

（4）能察觉别人的感情、思想、动机、行为与生活方式。

（5）能参与团队合作，在群体活动中能够承担下至组员，上至领导者的各种适当角色。

（6）能影响他人的意见或想法。

（7）能以书面及非书面的方式进行有效的理解与沟通。

（8）能根据不同的环境或团体及别人意见，调整自己的行为。

（9）能洞察各种社会或政治议题的不同观点。

（10）能发展以下的技巧：调解，为特定目的组织他人或与不同年龄或背景的人一起工作等。

（11）对教学、社会工作、咨询、管理或政治等具有人际交往取向类型的职业表现出兴趣。

（12）能形成新的社会化的程序或模式。

2．实践智力

所谓实践就是应用已获得的正规和非正规的知识去完成具有某种实用性目的的任务的活动，实现个体对环境的适应、选择和改造。

实践智力可以表现为，应用知识和工具完成一件具有个人或社会文化价值的作品的能力、生活自理的能力，如：管理个人或家庭的财物、家庭投资、个人卫生、个人健康、家庭手工制作、生活用具的简单维修等；使用和选择社会服务的能力，如：看懂各种指示牌、街区地图，会填写表格和邮政通信的书写格式，能看懂各种商品标签上的内容，电子产品的使用说明，产品广告等，以及选择消费和娱乐设施的能力。

斯腾伯格认为，与人们在学业和实践方面表现出能力差异相对应，在知识上也存在两种不同的类型。一个具有学业智力的人通常有这样的特点，容易获得和运用正式的学业知识（书本知识）；与之相反，具有实践性智力的人，其标志是易获得并使用"未明言的知识"。所谓未明言知识，指的是以行动为导向的知识，它的获得一般不是通过间接的方式获得的，未明言知识的内部表征是以特定情境为触发条件的程序性知识。例如，"如果一个公司职员需要向上司通报一个坏消息，而且如果这是一个星期一的早晨；而且如果前一天老板的高尔夫球赛因下雨泡汤了；而且如果员工们好像都如履薄冰、战战兢兢，那么等以后再告诉他这个消息吧。"可见这种知识的表征往往是情境性的编码系统，不是语义性的层级结构，它是某一特殊情境与相应的实践活动和活动结果之间的编码。与社会智力一样，实践智力的形成机制也是由个体的元认知成分与上述实践活动的环境相互作用形成的。

斯腾伯格指出，每个人的智力都是认知能力、创造性能力和实践性能力按不同比例合成的产物。我们需要培养所有类型的能力，而不是仅重视其中某一种。此外，我们还必须承认，真正聪明的人应该知道自己擅长什么，不擅长什么，怎样才能尽可能发挥自己的优势，纠正或补充自己的不足。

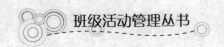

第三节　班级活动各项能力发展的心理学机制

按照斯腾伯格的智力三元理论，人的经验智力形成的一般机制是主体的元成分智力与环境相互作用的结果，当人的元成分智力与不同性质的环境相互作用时，就会形成不同的经验智力。

在学校教育的环境条件下，个体的元成分主要与书本知识的环境相互作用，所以学生形成的是分析和理解书本知识的智力；当个体的元成分在日常生活中经常与实际社会的环境（人际的和实践性的环境）相互作用时，形成的经验智力是实践智力；当个体的元成分经常与具有新异性的环境（学术的或社会的）相互作用时，形成的经验智力是创新智力。

斯腾伯格指出，实际上认知能力、实践能力和创新能力背后的思维元成分只有一套。这里"成分"是指对物体或符号的内部表征进行操作的基本信息加工过程。所谓"元成分"是用于计划、控制和决策的高级执行过程。元成分是人在与环境的相互作用中最基本的智慧因素。斯腾伯格提出的元成分共有八项：

一、确定问题的存在

问题解决过程中最重要的一步通常是确定问题的存在。这是解决问题的第一步。在学校条件下，总是让学生解决单纯化的已经定义好的问题，并不能帮助他们意识到埋伏在生活表层下的问题。

班级活动与班集体教育

在教学中，我们会经常发现，一些学习能力较差的学生往往提不出问题。老师给他补习功课时，问他哪儿不懂，学生只能笼统地说都不懂，而不能对某些具体内容提出问题。由此可见，不能发现自己学习中的问题所在，学习活动将无法进行。

在这个元成分中所表现出来的创造性，主要体现为对问题的敏感性，以及发掘有更高价值的问题的能力。若个体在学术性的领域中，能够敏锐地发现有价值的问题，则表现出来的是较强的学术创新能力；若个体在实用领域能够发现有价值的实用性问题，则表现出来的是较强的实用创新能力。例如不干胶的发明过程，原来的目的是要研制一种最牢固的胶，结果却做出了不干胶，但由于研制者对于这种胶的实用价值的敏锐察觉，使得这一产品十分畅销。

二、定义问题

定义问题就是明确问题的实质究竟是什么的能力。在日常的问题解决中，找出问题的实质是什么比找出问题的解决办法更难。例如，在学生的学习中，学生不能很好地完成教师所交给的任务的原因，往往是不能理解任务的实质是什么。例如，语文教师要求学生把课文分成几个大段，某些学生不能理解这项任务的实质。他们不能认识到通过给课文分层，可以体会作者为了表达中心思想是如何组织文章的这一问题的本质，不明确任务的性质，所以也就不能形成完成任务的有效策略。再如，在物理学习中，有些学生不知道将问题定义为某一物理知识范畴中的问题，而是自觉不自觉地将问题当做生活中的问题去对待，沿用生活经验的直觉判断，将其视为一个孤立的新问题去研究。这同样是不能理解问题本质的表现。

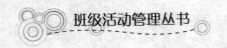

三、较低阶成分的选择

当问题明确后，就需要在这个元成分的支配下，选择与问题相关的信息：知识、技能、策略等解决问题所必需的较低阶成分。选择不恰当的成分会导致不正确或不充分的任务操作。例如，学生要搞一个"美国世界警察的角色在不断上升"的专题研究。学生首先必须确定从哪些地方可能找到与主题有关的信息，然后要在图书馆或因特网上找到这些信息，排除那些无关的信息，再分析各种信息的可信度。在传统教学中，解决学科问题时，往往所需要的信息（已知量）不多不少都给学生准备好了，学生所要做的是依据这些信息，去激活所需的知识技能，并采用正确的策略去整合这些知识技能，形成解决当前问题的图式。所以在传统教学中，选择较低阶成分的能力发展受到了一定的限制。

四、选择信息的一种或多种表征及组织

表征或组织的选择可以促进也可以阻碍问题解决的有效性。小学生在做算术应用题时，就需要用线段来表征数量的大小，这可以使学生更容易地看清数量间的大小或倍数关系。再如，学生在进行研究性学习时，对他所收集的资料，可以用作者的姓名来表征各个资料的属性，也可以根据资料的题目来表征信息，还可以根据文献的观点来表征各个资料的属性。事实上，人们总是根据任务的目标，决定对事物采取何种表征。如上面的那个学生若已经要开始写论文了，则正确的表征和组织应该是按论文的观点来表征收集到的资料；若他仅仅只有一个大意向，还没有明确的目标，则可能会按作者姓名或资料题目来表征和组织，以便今后查阅。

大脑对任何思想都赋予某种具体的代码形式。这些形式包括形象（视觉和空间形象、声音形象）、符号（语词、文字符号、数字）和情感。不

同的人运用各种形式的能力各不相同。例如，画家善于运用视觉和空间形象，音乐家善于运用声音形象，数学家善于运用文字符号和数字，演员善于运用情感等。可见，发展创造能力不仅要不断地积累和扩大惯用代码的数量和范围，而且还必须懂得哪种代码适合于哪种对象。例如，在 19 世纪 40 年代，法拉第根据他在实验中发现的电磁感应现象，在自然科学中第一次提出了除实物之外的另一种物质形态——"场"的概念。这是一个具有深邃的物理洞察力的科学思想，它将使物理学孕育着一次大的综合——建立关于光、电和磁现象的统一的电磁理论。但完成这一任务的不是法拉第，因为他的"场"的概念是用空间力线形式表征的，这使得这一概念停留在自然哲学的范畴，不能将光、电、磁现象统一起来。而麦克斯韦不仅具有法拉第的空间物理图景的表征能力，同时还具有杰出的数学才能，更重要的是他能将两者紧密地结合起来，构成表征电磁理论的麦克斯韦方程组，使得他终于完成了这个大业。

在班级活动中，学生往往无目的地对信息进行表征和组织，而且在对信息的表征上没有花精力，这对问题的解决是很不利的。斯腾伯格认为："优秀的问题解决者往往在问题解决的开始阶段投入更多的时间来表征和组织信息，这样在后面的问题解决阶段就可以花更少的时间。"

五、选择结合较低阶成分的策略

在解决问题时，不仅需要找到所需的较低阶成分，人们还必须把这些成分有机地整合起来。

在解决非新异性的问题时，领域中的专家所采用的策略是对问题进行分级加工，表现出高能高效的自动化水平。专家的知识是经过高度结构化组织的。他们将该领域中的知识技能按照类别进行了划分，每一类别中的知识技能的组织是程序化的，执行时可以达到自动化的水平；在知识类别之间又形成了广泛联系的意义网络，构成了知识群的二级组织。专家在解决问题时，首先将问题放到具有较高概括性的二级知识群网络中，采用正向推理的方法，进行非定量的概念原理间的推理，从网络的最高层开始进行并行的搜索，寻找可以解决问题的较低阶知识类别组块，在找到了这些知识组块的同时，也就完成了这些低阶知识类别间的组合；接下来的信息加工将在各知识类别的组块中进行，这种局部的加工几乎是自动化的。在专家的选择结合较低阶成分的策略中，由于首先在概括性程度高的知识群网络中搜索，所以心理视野宽广，可将远距离的知识整合到一起，而且方法灵活，不会死钻一个牛角尖。

学生在解决学科问题时，所采用的选择结合较低阶成分的策略，往往是逆向推理的策略。例如一道物理题目的要求是求出摩擦系数，则学生首先考虑与摩擦系数直接有关的公式，然后再从公式中的未知量寻找另外一个公式，直到所有的未知量都可以从找出的公式联合中解决为止。学生之所以采取这一策略，是因为学生的知识不是像专家那样按语义的层级结构组织的，而是按语义的激活联想方式组织的。

显然在解决学科领域中的非新异性问题时，专家的策略是优越的。但在日常生活中，或在具有新异性的问题情境中，激活联想的策略往往是产生思想火花的重要源泉。心理学的研究表明，在人的长时记忆中所贮存的信息类型可以分为两种，即情景记忆和语义记忆，语义记忆又有层级组织结构和激活联想结构；从信息编码的角度又可将长时记忆分为两个系统，即表象系统和言语系统。选择结合较低阶成分的策略的创新性，就表现在通过激活联想，使长时记忆中不同类型的记忆和不同编码形式的信息形成有效的结合，产生出具有创新意义的解决问题的办法。

六、资源的分配

执行任务时，最重要的决策就是如何恰到好处地把时间、精力和财力分配给各个部分。人们总是按照产生整体质量最优化的方式将这些资源分配给任务的不同成分。一个问题或一件任务可能连接着种种矛盾，我们所说的"抓主要矛盾"指的就是这种元成分的决策能力。但是许多学生并不

能有效地分配资源，如在复习考试时，一本接着一本习题集地做练习，结果许多会的内容又重复了好几遍，不熟悉的内容却没有得到充分的练习。再如，有的研究生在做学位论文时，将大量的时间都用在搞研究上了，却来不及写出高水平的论文报告。

七、问题解决过程的监控

在问题的解决过程中，主体需要监控任务执行的过程。监控表现在明确已经历的步骤、正在做的事情以及还需要做的事情。以免重复已做过的工作，计划当前及未来工作所要进行的投入；主体还需要随时检测问题解决的过程是否像原来想象的那样进展，是偏离目标还是接近目标。当执行的过程越来越偏离目标时，主体需要作出相应的解释和决策：一种是认为原有目标无法实现，常常会形成新的更现实的目标；另一种决策是认为虽然现在的情况不妙，但再坚持一下可能会出现转机；再有一种决策是不改变原有的目标，但放弃执行当前的策略，重新审视问题，扩大搜索范围另找出路。

八、问题解决的评价

对问题解决的阶段性结果或最后结果，主体需要主动地对其进行检验，通常需要进行外部检验和内部检验。能够察觉从检验中获得的反馈，并且把反馈转化成实际行动，是这一元成分的主要功能。内部的反馈源自个体的主观感受，例如，当前所得到的认识结果与内部的原有目标进行检验并获得反馈，诊断任务完成得怎么样，或与原有内部逻辑进行检验，获得反馈，看其是否与原有逻辑矛盾。例如，对命题"吃维 C 可以增加白血球"所进行的内部检验：白血球可以杀死病菌，感冒是由病菌引起的，吃维 C 可以预防感冒。将新的知识命题与原有知识逻辑进行了检验，发现符

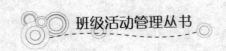

合逻辑，则新知识就被内化了；如果检验结果与内部逻辑不协调，主体可能会改变原有认知结构，顺应新知识的要求；或是重新认识这个命题，看其是否可靠，由此去进行外部的检验。

外部反馈来自于主体按现有的认识对外部环境所进行的操作，操作后环境发生的变化就是反馈信息，并解释这种环境的变化信息是否符合预期的效果。科学实验就是典型的通过外部反馈验证理论假设的例子。外部反馈还可以来自别人的看法，在教学条件下直接来自教师的反馈，往往替代了学生对自然反馈的敏感性和对反馈的意义解释能力。在学生间的合作学习中，不同理解的讨论也是一种外部反馈，这种反馈可以互相促进，使认识不断深入。

在学生应用原有认知图式去解释新信息时，运用检验和反馈发现矛盾，并分析产生矛盾的原因，是学生获取新知识，实现认知结构的建构的一条有效途径。例如，学生原以为铁比木头重，当教师拿一大块木头与一个小铁钉比较时，这一外部检验所提供的信息，与学生的原有认识发生了矛盾，通过认真分析原有逻辑失败的原因，发现两者的体积不同，不能这么比，则解决的办法也就有了——用相同的体积去比。通过这样的检验反馈，学生便可以改变原有认知图式，获得关于物质密度的概念。

如果通过检验和反馈出现的矛盾是一个全新的问题，则这个问题的解决就是一种创新。例如，亚里士多德说重的物体比轻的物体下落得要快，对此谁也没有产生过怀疑，但是伽利略却将它与内部逻辑进行了检验，发现，若将一个重的物体与一个轻的物体绑在一起，则合成后的物体比原来较重的物体还要重，则合成物体应该下落得更快；但另一方面，重的物体与轻的物体绑在一起后，由于轻物体比重物体下落的速度小，它应该拖拉重的物体，则合成后物体的下落速度要比原来较重的物体下落得慢。内部检验出现了矛盾，于是他就到比萨斜塔上去做实验，寻求外部检验的反馈信息，获得了确凿证据后，推翻了亚里士多德的理论，创立了自由落体运动的理论。

综上，研究和实践都表明，规定性和被动接受性的教学环境，使学生失去了许多发展元成分智力的机会，开放性和绝对独立建构的学习环境，虽然给学生提供了发展的空间，但并不能保证大多数学生都能得到发展。所以在班级活动中创设一个有援助的开放式学习环境，依据学生的实际发展水平，围绕各项元成分智力的操作，既提供自主发展的空间，又提供必要的帮助，使这些元成分智力操作在不同程度上得以发生。在课程改革中，只有使班级活动具有实实在在的心理学内容，才能将这一课程的教育理念落在实处。

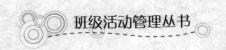

第四节　与班级活动课程有关的教学理论

　　在班级活动的实践中，不仅要明确这一课程所要发展的各项能力的心理学内容，而且还需要明确促进这一课程发展的教学规律。通常来说，班级活动课程是以"问题解决"为中心展开的实践活动，如综合实践活动过程中的研究性学习就通常以学生的自主探究与小组合作的形式予以组织的。在这种学习方式中，教师的作用常常是一个会引起争论和使人困惑的问题。尊重学生的主体精神是否就意味着教师完全不能干预学生的认识活动？教师对学生探索活动的帮助是否就一定妨碍学生能力的发展？完全没有教师帮助的学生探索活动是否就能使学生的能力得到发展，至少是使大多数学生的能力都能得到一定程度的发展？要回答这些实践中的问题，就需要从相应的教学理论中寻找答案。

一、"创造工学"教学模式

　　"创造工学"在教育实践领域比较陌生，其倡导者戈登说，这个术语来自希腊语，它的意义是"将不同的，乍一看无关的因素结合起来"。如今在美国，它在一切的教育阶段里，受到人们越来越大的关注。

　　1. "创造工学"教学模式的出发点
　　"创造工学"的教学模式依存于关于创造活动过程本身的一连串假定，以及对于创造性开发与小组动力学的关系的态度。这些假定是：

班级活动与班集体教育

第一，人的创造过程不是神秘的，而是可以具体地记述的。通过这种明确的记述，可以有助于旨在增进个人及小组创造效率的方法论的教学。戈登认为有这么一种说法："当你想分析并训练同想象力、创造过程有直接联结的人的精神侧面时，创造过程就会遭到破坏。"然而，这种偏见是没有根据的。

第二，艺术和科学中的创造性或独创性，是类似的东西，是基于同样基础的智力过程的。换言之，从事戏剧与从事科学研究，是类似的过程，可以记述可以训练的。这也是同"艺术中的创造性是某种特别神秘的过程，是无法记述与训练的，同科学与工程学中的创造过程迥然不同的"这个一般见解相反的。

第三，"创造活动中个人摸索的过程可以同集团摸索的过程直接类比。"这是重要的假定。因为在这里，"只要是基础的过程，某一个人的独立从事工作的方法同他在群体内从事工作的方法之间没有冲突的假定是可以成立的"。如果群体同个体的创造性的基础智力过程是同一的话，那么，在群体的本来状态中是可以训练创造性的，而不会对个体的创造性带来损害。相反，可以肯定地说，个体在群体多种多样的活动中所引起的各种观念和反应的情感体验，会激发并促进个体的创造性，因而他在以后更能够创造性地发挥作用。

创造工学的这些思想显然是与当前存在的一种观点相反的。这种观点是"活动就是一切，目的是没有的"。创造工学教学模式的假设表明，创造性活动是可以描述的，有规律的，这些规律存在于各种形式的创造活动中，创造能力可以在集体活动中进行训练和发展。所以按照创新能力的规律创设外部的学习环境，是以发展能力为目的的，这种有援助的环境不仅不会妨碍个体的创新活动，而且可以在教师和学生集体的作用下促进创新能力的发展。

2."创造工学"模式的技术方法

创造工学的教学模式由以下一些实际技法组成：

其一，有意识地引发创造过程，将各种有意识的手段发展为创造活

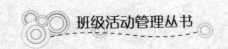

动，我们就可以增强个体和团体的创造能力。戈登说："人们的创造效率，通过理解实际行动之基础的心理过程，可以显著增强。"这就是说，创设有援助的创新活动学习环境的方法，是按照实践活动中的心理过程规律，有意识地引发创造活动的过程。

其二，"在创造过程中，感情因素比理智因素更重要；非合理因素比合理因素更重要。"群体成员的非合理性意见的交换，会产生"富有启发的创造性隐喻、未完成的粗糙的心像和构成线索的裂缝"。这种意见交换就像螺旋形那样团团上旋，展开个体与群体的创造活动。然后发展为一定逻辑的结局。戈登说："问题的最终解决是合理的，而达到最终解决的程序是非合理的"。这里，他事实上提出关于团体对讨论的应有状态与效果的一种见解。他并未轻视智力活动和理性，他要强调的是，所谓创造性，本质上是一种情绪的、情感的过程。他是把"自己"、"感情和情绪"这种内在的东西放在了头等重要的地位。这就是说，教师在参与学生集体的研究活动时应采取的基本态度，是应鼓励大胆怀疑、大胆想象，创设情绪化的活动气氛，最后才进行理性分析，得到结论。

其三，"为了增加解决问题时成功的概率，能够理解而且必须理解的是这种感情性、非合理性的要素。"换言之，非合理性因素是发展创造性的关键，是可以分析的。借助这种分析，可以控制个体和群体的非合理性情感、情绪，提高创造性。戈登认为，产生创造性的非合理因素的基本机制是"隐喻活动"。他揭示了一个人在提出问题，直至最终解决问题之间，是怎样突破障碍的一组心理活动：（1）脱离和专心；（2）迂回；（3）思辨；（4）对象的自律运动。隐喻活动就是促进这些心理活动的方法，隐喻，就是将学生与世界联系起来，使相互交流有可能。戈登举出了隐喻活动的四种类比：（1）拟人类比；（2）直接类比；（3）象征类比；（4）空想类比。

基于"隐喻"机制，戈登开发了两种引发创新活动的教学策略：第一种策略是"对看不惯事物的探查"，其目标是将看不惯的东西、不熟悉的素材同看惯了的对比，进行比较对照。借此使学生更好地理解新的信息，并且帮助其内化。第二种策略是"创造什么新的东西"。其目标是推陈出新，创造

新的事物或解决某种社会问题。就是说，第一种策略是要把未经验的东西变换到经验水平上加以考察；而第二种策略是要从经验了的东西中创造出新的东西。前者重分析，后者重综合。在创造活动中，分析与综合两个方面都重要，但尤其强调综合，换言之，创造性综合是创造的特征。

二、维果茨基的教学理论

维果茨基是前苏联的教育心理学家，他的"心理发展的文化历史理论"与"最近发展区"理论，对当今建构主义的教学模式产生了重要的影响。如果说极端的建构主义只强调认知结构建构中个体的主观能动作用的话，则折中的建构主义就引进了维果茨基的"心理发展的文化历史理论"，即同时强调外部社会文化的集体人际交往，对个体认知结构建构的作用。

1. 维果茨基的"心理发展的文化历史理论"

维果茨基的"心理发展的文化历史理论"基于他的两个基本假设：其一，关于人的心理的被媒介性（间接性）的假设；其二，关于内部智力过程起源于外部的心理活动的假设。

第一个假设，本来是无媒介的（直接的）、自然的过程，转化为借助于某种中间的环节插入活动之中而受到媒介的"文化的"过程。在这个转化过程中，产生人的心理的特殊的特点。维果茨基把这个"中间环节"用"工具"、"手段"的术语来表述。马克思在《资本论》中写道："当他（指人类）通过这种运动作用于他身外的自然并改变自然时，也就同时改变他自身的自然，他使自身的自然中沉睡的潜力发挥出来，并且使这种力的活动受他自己控制"。然而，人在这个劳动活动中不是无媒介地与自然发生作用的，而是以劳动手段——工具为媒介起作用的。

维果茨基认为，以劳动为基础的社会生活的基本结构也制约着人的心理基本结构。他还认为，不同于动物的人的心理独特性，也就在于使用独特的"手段"、"工具"。在他看来，起这种"手段"、"工具"作用的是一

第一章　班级活动的教育理论基础

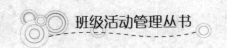

切种类的符号（人为作出的一切条件信号，例如语汇和数字符号，特别是语汇），这种"符号"的使用从根本上改变了人的心理结构。就是说，低级的心理机能（无媒介的、直接的心理机能）"自然地"、"本质地"被高级的社会——历史的心理机能（媒介的心理机能）所取代，而形成特殊的人类的心理机能。

第二个假设回答了受媒介的心理机能是怎样形成的问题。根据这个假设，借助符号媒介的心理机能不是从内部自发地发生的，它有社会的根源。起初，符号、语汇是以外部客体的形式给予儿童的。他在可供使用的条件中，将符号变成组织自己心理机能的条件。就是说，在外部的"交往"这种心理活动中，符号的使用有了可能。维果茨基把这种高级心理机能的发展的基本法则表述为："在儿童的文化发展中，所有机能都表现为二度两种局面。先是社会局面，后是心理局面。就是说，先是心理的外部活动，后是儿童的内心活动。……这种从外而内的过渡，使过程本身、过程的结构及机能发生变化。"

了解维果茨基的这一理论，有助于使我们理解以学生活动为中心的教学模式中强调社会实践和合作学习的理论意义。在所有的建构主义的教学模式中，无一例外地都包含小组合作学习的成分，这说明认知结构的建构除了强调个体的独立建构之外，还要强调集体中社会文化的媒介作用，这种社会文化的作用除了学生直接与社会接触之外，同样也需要由教师和学生集体的交往作用来体现。有人将没有指导的研究性学习不能实现有意义发展的现象比喻为："萝卜炖萝卜，还是萝卜，只有加入牛肉，才能炖出味道来。"所以，作为班级活动指导者的教师可能不是各种实践活动的专家，但他应该是各种活动中所蕴含的心理活动规律的教育专家，以及社会文化观念的倡导者。

2. 维果茨基的"最近发展区"理论

教学要跟儿童发展水平取得某种形式的一致，这是谁也否定不了的。读写的技能只能从某年龄开始才可授予。要给 3 岁儿童教代数的人大概是没有的。但是，维果茨基认为有两种"发展水平"。一种是最初表现出来

的外部活动的心理发展水平，另一种是第二次表现出来的内心活动的心理发展水平。他分别把它们称为"现有发展水平"和"最近发展区"。

所谓"现有发展水平"是指儿童业已形成的心理发展水平。例如，智力测验测量的心理年龄就是"现有发展水平"。众所周知，测定心理年龄时，仅仅考虑儿童在这种测验中的心理年龄都是 7 岁（即达到了常规中 7 岁儿童所能回答的问题的水平），应该严格地说，两个人的"现有发展水平"是相同的。但是，再进一步对这两个孩子作测验，就会发现两人之间有着本质的差别，他们中的一个通过启发诱导、范例、演示的帮助，心理年龄达到了 9 岁；而另一个孩子只达到 7 岁半。维果茨基认为，这两个孩子有着"本质的"差异。这个差异就是所谓的"最近发展区"的差异。也就是说，所谓"最近发展区"就是儿童靠自己独立活动解决不了，在成人的帮助下可以达到的发展水平。

维果茨基指出，如果把"教学要符合儿童的发展水平"仅仅归结为符合儿童的"现有发展水平"，从儿童的发展观点说，这种教学是"无效"的。教学的本质特征在于创造"最近发展区"这一事实。正确组织的教学应当是儿童智力发展的先导，使之发生除了教学之外一般不可能发生的大量发展过程。发展的过程是沿着创造"最近发展区"的教学过程轨迹前进的。

维果茨基的"最近发展区"理论，为我们在班级活动课程中问题情境的设置提供了理论基础。正如在前面"元成分智力"心理学理论中所讨论的，当问题情境设置在学生的"现有发展水平"，即通过教师的过多干预，使学生可以较顺利地解决问题时，则学生的元成分智力将得不到发展。按照维果茨基的理论，只有将问题情境设置在学生的"最近发展区"，并通过集体的合作学习和教师的适当指导，才能使学生的能力得到发展。

三、"范例方式"教学模式

瓦·根舍是德国教育家，他首创的"范例方式"教学理论，代表了联邦德国时代中小学教育改革的理论与实践的主要特点。当时，联邦德国普通教育面临的问题是，现代科学的迅猛发展，造成了教材内容不断庞杂臃肿，学生的精神生活被窒息了；而考试竞争的激化又造成了死记硬背书本知识的倾向，学生缺乏主动性、创造性。在教材改革中，瓦·根舍提出应从日常生活中选取隐含着本质因素、根本因素、基础因素的典型事例和范例，使学生通过这种范例掌握科学知识和科学方法论，并使儿童学习科学的本质与生活态度，使科学的系统性与儿童的主动性和谐地统一起来。

教育家施滕策尔在这一理论的影响下，提出了由下列步骤构成的"范例方式"的教学模式：（1）范例性地阐明"个"的阶段；（2）范例性地阐明"类型"和"类"的阶段；（3）范例性掌握法则性、范畴性关系的阶段；（4）范例性地获得关于世界（以及生活）关系的经验。施滕策尔以国民学校12～13岁的学生为对象的学校广播节目——《乌克兰的防风地带》为例，说明范例方式教学的阶段。

第一阶段，首先用南俄罗斯草原地方的防风林为例，以具体直观的方法，提出关于防风地带的问题。这一阶段的教学目的是掌握事例的本质特征；第二阶段，根据对于防风地带的个例所获得的认识，推论出乌克兰地区的特点，而且还要掌握该地带的普遍特性和类型特性；再用开拓草原这一"类型"的认识来说明美国中西部草原也属于这一类型的地带；第三阶段，根据对于"个"所获得的认识，证明所有的属于同类型的"个别个体"。通过从"个"过渡到"类"的认识，进一步达到更本质的关系——规律性的认识。在这个阶段，要明了草原化的过程及阻抑这一过程的努力，也就是明了人类是如何在特殊的气候、地理、形态诸条件下，干预自然，作用于自然，并且改造自然的；第四阶段，最后，认识人类与自然的关系，即人类要干预改造自然的活动。

再如，我国小学科学课中的一个课例——关于"动物的身体构造与它们的生存条件"：第一步，先举出眼睛长在两侧面的动物和眼睛长在前方的动物的实例，如兔子和老虎（认识"个"的特性）；第二步，让学生联想还有哪些动物的眼睛是长在两侧或长在前面的（认识事物的"类型"）；第三步，让学生分析这两类动物的生活习性，并思考这与它们的眼睛位置有什么关系；第四步，让学生独立思考还有哪些动物的身体构造（不局限于眼睛的位置）与他们的生存条件有关，具体关系是什么。在此基础上，思考动物与自然环境的关系，即动物只能被动地适应自然环境。

综上所述，哲学认识论反映了认识班级活动的价值观念；认知心理学反映了认识班级活动的内部机制和内部条件；教学理论则反映了为促进内部认识机制的发展所需的外部条件和设置这些条件的一般方法。值得指出的是，任何理论都是依据一定的视角，在单纯化、理想化的条件下提出的。但事物是复杂的、相互联系的，所以在开展班级活动的实践中对理论的应用必须结合具体的实际条件，综合地、辩证地应用。

第一章 班级活动的教育理论基础

第二章　班级活动的教育理念和教育功能

　　传统的班级活动往往更注重道德认知，而忽视学生道德情感和道德行为的培养，在新一轮基础教育改革中，总结以往活动课程的经验和教训，提出了综合实践活动课程的概念。从活动课程到综合实践活动，课程的内涵和外延发生了深刻的变化，完整而准确地把握这一课程的基本理念，深刻理解这一课程特殊的教育价值，则是正确实施和有效开发这一课程的先决条件。

第一节　班级活动课程的基本理念

　　所谓理念可以理解为理想中的信念或理性的信念，即人们基于对事物本质或规律的认识，通过理性的思考，得到的对于事物的某种规定性的认识。在现实生活中，由于各种条件的限制，事物发展可能远未达到理想的要求，因而很难用理念作为评价事物的具体的标准，但理念作为一种追求或目标，仍然可以看作是引导人们规范事物发展的价值尺度。

　　那么，班级活动的基本理念，又该包括些什么呢？我们认为，至少应包括如下五个方面的内容：

一、坚持实践性学习，关注学习方式变革

　　班级活动的本质，是基于实践的学习，开发和实施班级活动，就要着眼于学生的实践和经验，变结论性学习为过程性学习，引导学生掌握探究的方法和要领，在活动的实践中引导学生实现对活动过程的积极情感体验，感受活动的乐趣，促进学生的发展。

　　班级活动作为实践性学习，以学生的实践和经验为基础，鼓励对知识的综合运用，它不以对知识的获取为满足，追求的是获得知识的科学方法和深刻的体验过程，因而是一种以积极的情感体验和深层次的认知参与为核心的学习方式。

　　各种不同类型、丰富多彩的活动，是实施班级活动的载体，是作为活动主体的学生有目的的作用于客体的行动。开发和实施班级活动，无疑应

为学生设计多种性质的学习空间，帮助学生通过考察、操作、实验、测量、分析、总结等"做中学"的实践过程进行探究学习。活动过程既要注重学生的兴趣和需要，鼓励学生自主选择，积极参与，大胆实践，又要有针对性地对活动给予有效指导，在实践中总结和提高，实现从感性到理性，从经验到理论的提升。

在班级活动过程中，虽然个体学习的方式是不可或缺的，但是从活动特点出发，并从未来社会发展需要着重培养学生的合作意识与合作能力考虑，实施活动的最适当的方式就是合作学习。通过"自主、合作、探究"的过程，从根本上改变学生的学习态度、学习方法和学习习惯，帮助具有不同智力倾向的学生通过合作、交流，取长补短，都能得到最好的发展。

学习方式不同，学习结果也不一样。以实践求真知，以实践求体验，以实践求发展。学生在自主、合作、探究的过程中真正做到不唯书、不唯上，学会用自己的眼睛去观察世界，用自己的头脑去判断事物，用自己的方式去表达成果，他们的实践能力和创新精神必然也就会得到生动、活泼的发展了。

二、面向完整的生活，实现学生全面发展

班级活动的开发与实施，要面向学生完整的生活领域，关注学生现实和未来的需要，从整体上把握活动的内容、结构和层次，努力为学生创造健康发展的开放空间。

班级活动课，尤其是综合实践活动的设置，为彻底改变我国传统教育强调学科本位、过分注意知识传授的倾向，为加强课程内容与学生生活以及现代社会和科技发展的联系开辟了良好的前景。同时它又总结了前一阶段活动课程实施的丰富经验，克服了以往活动课程专注于科技活动的局限性，主张以学生与自然、学生与他人和社会、学生与自我的关系这样三条线索作为内在的逻辑线索开发和实践综合实践活动。毫无疑问，综合实践活动展现给人们的就是这样一个作用于学生的完整生活领域。

不言而喻，班级活动面对的学生完整的生活领域，绝非仅指学生举手投足即可触及的学校、家庭、乡村、社区这样一方狭小的天地，而是远大于此，包括了上述三条线索所涉及的关于民族、国家乃至整个人类的现在和将来的丰富多彩的真实世界。毫无疑问，班级活动的设计和开发，应该关注学生现实需要，从学生的生活实际出发，并尊重学生的兴趣和爱好，从现实生活中选择问题或课题进行研究，但又绝对不能简单地回归或复制生活。

教育源于生活，又要高于生活，对学生活动的设计，亦应未雨绸缪，兼顾学生的长远发展，主动帮助他们适应未来世界的需要。当前，尤其应该从整体上考虑满足学生适应未来知识经济时代对人才多方面的需求，把学生活动的现实世界的要求和科学世界以及现代社会发展的需要整合起来，科学地进行活动项目设计和资源开发。同时又鼓励秉持多元价值标准，因地制宜、因人而异地开发各类活动资源。提倡学科渗透，鼓励文理交融，体现个人、自然和社会的整合，渗透科学、艺术和道德的整体教育。坚持整体规划，周密设计，又鼓励开放生成，另辟蹊径，引导学生在活动中学会关爱自己，热爱生活，关心自然，关注社会。

总之，班级活动面对的学生完整的生活领域，是一个丰富多彩的、发展着的完整的系统，是为学生发展营造的一个良好的空间。作为活动的组织者，要充分利用班级活动的这一优势，在活动不断深化的过程中实现学生个性的张扬，有效地促进学生生动、活泼、主动地得到发展。

三、从问题入手，重在方法与过程体验

班级活动的实施过程，本质上是一种案例教育，要围绕问题组织活动，在问题解决的过程中实现其教育功能。因此，发现和确定需要研究的问题是组织活动的前提，在活动中学习科学研究的方法，感受活动带来的鲜活的体验则是活动取得成功的关键。

班级活动编织的是一条为学生与其所在的现实世界发生联系和相互作

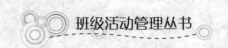

用的纽带。"问题"是学生与现实世界相互作用的关结点，班级活动即是以"问题解决"为中心组织活动的。解决问题的过程缩短了学生生活与社会需要和现代科技成果间的距离，为学生认识世界和感受生活创造了良好的条件。

一直以来，教育都是强调学习前人的思想成果，班级活动却主张通过解决现实问题进行学习。毋庸置疑，既然要以"问题"为中心组织活动，问题的选择和确定便成了第一位的事情。培养学生对问题的敏感和形成问题意识，提高学生发现问题的能力，对开发和实施班级活动自然具有十分重要的意义。同样毋庸置疑的是，面对知识和经验都显得不足的学生，活动的组织者也要充分发挥自己的主导作用，要努力创设情境，循循善诱地引导学生从他们的现实生活中，从他们亲历亲为的经验中，从力所能及的生产活动中，乃至从教师精心设计的问题情境中，发现自己感兴趣的问题，近而"亲历实践，深度探究"，从中获得对自我、社会和自然之间内在联系的整体认识和深刻感受。

在有效地进行"问题解决"的过程中，学生必将会主动地运用学过的知识；在对问题进行探究的时候，也一定会学习和使用各种相关的方法和技能。同样，解决问题的过程，无论成功与否，都会伴随着酸甜苦辣等鲜活的体验和感受。在这一活动的过程中，组织者和实践者绝不能忽视，更不能拒绝理论对实践的指导和调节作用，在活动过程中尤其要着重对学生进行科学方法的训练，使他们了解取得科学结论必须遵循的一般程序，学习针对不同性质的问题逐步掌握各种解决问题的基本方法和要领，学会发现，学会探究，不断提高运用科学方法解决问题的能力。

四、切入素质教育，完善学生素质结构

班级活动不以掌握知识的多少为目的，也不以能否对知识进行复述为目标。作为素质教育的切入点，活动的目标更着眼于逐步完善学生内在的素质结构，追求的是学生独具特色的和谐全面的发展。

班级活动与班集体教育

建构主义是班级活动开发与实施可资借鉴的理论依据之一。建构主义有两个基本的概念，一个叫"神经网络的封闭性"，另一个是"认知结构的封闭耦合"，对班级活动的实施有着重要的启示。

以往，人们把接受外来刺激产生行动的过程，常常简单地理解为是由感受器接受信息，传给中枢神经，经过加工后再传送给效应器输出的直线过程。然而，对神经系统的深入研究表明：原来，感受器在接受外来信息的同时，还会更多地接受来自效应器的数量惊人的反馈信息，人们接受外来信息的感受器约有 1 亿个，而接受经过加工后的老信息的感受器竟然有10 万亿个，二者之比为 1：10 万。所以我们每次接受的信息，新的信息只占约十万分之一，而其余部分则是原来的反馈信息。新信息所占比例实在太少了，以至从系统论的观点来看，人们这一认知过程的神经网络自然就可以看作是一个封闭系统了。然而，尽管新信息所占比例极小，如果没有它的参与，就不会有认知的产生和经验的积累。需知，即便是认知过程中占绝对数量，起重要作用的反馈的老信息，也是通过以往的实践对新的信息的加工和积累而成的。

上述第二个概念"认知结构的封闭耦合"，是说人作为认识的主体，要想认识客观事物，就必须对作为客体的事物进行操作，并对操作的过程进行感知。人是认识事物的主体，人要研究的客观事物即是所谓客体，主体与客体结合起来，合称"认知结构"，人们的认识就是在主体对客体操作和感知的无限循环中逐渐形成和逐步完善起来的。在这里，主体通过对客体的操作和客体联系起来，形成了一个完整的认知结构。又从前述神经网络封闭的意义上讲，由人的认知结构形成的认知的质量和水平，主要决定于主体既有的反馈信息的质量和水平，而反馈信息的质量和水平则集中地表现为人的整体素质水平，亦即人的素质结构。

人们内在的素质结构，决定了他们外在的行为方式的水平和价值取向。而教育却能够发展人的素质结构，并通过发展人的素质结构，拓展人们外在的行为空间，最终体现并决定人的生存价值。由此，不难理解从小建立和完善学生的认知结构是教育成败的关键。班级活动就是因为它为学生提供了与自然、社会、科学和人类文化等客观事物主动结合的机会，从

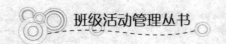

而优化了学生的认知结构，形成了它独有的教育优势。

按加德纳教授的多元智力理论，学生与生俱来就是不相同的，他们既没有相同的心理倾向，也不会拥有相同的智力，每个人都具有多种智力潜能，却又分别具有不同的强项和弱项。也就是说，每个人都拥有自己独特的素质结构，自然也拥有各自不同的学习风格，教育的核心问题就是要认真地对待这些差别。虽然不能强求每个人都可以得到同样的发展，但却完全可以从学生的实际情况出发，通过包括综合实践活动开发和实施在内的校内外各种教育渠道，促进学生形成健康、和谐、积极、善纳的素质结构，并通过构建学生良好素质结构，实现学生独具特色的全面发展。

五、重塑学校文化，营造创新氛围

教育是一种文化现象。在基础教育阶段，设置综合实践活动为必修课程，就是要推进素质教育，努力重塑学校文化，促进科学与人文的融合，培植学校创新文化氛围。

一个国家和民族的发展水平，是其历史文化长期淀积的结果，作为观念的文化会时刻影响经济和政治的发展。设置综合实践活动，改革中小学的课程结构，必将对重塑学校文化的过程和质量产生深远的影响，进而对国家政治经济的发展和国家民族的前途产生潜移默化的作用。

从来文化都要回答和解决人与自然、人与社会以及人的情意发展问题。文化的核心所在就是价值观，为了回答上述问题，首先就要从社会和经济发展的根本需要出发，从价值观的高度出发，对源远流长的中华文化进行反思，取其精华，去其糟粕。

中华文化博大精深，对世界文明作出过不可磨灭的贡献，使中华民族在世界民族之林中也占有光辉的地位。然而，古老的中华文化中也确有糟粕，如"劳心者治人，劳力者治于人"、"万般皆下品，唯有读书高"等陈腐观念，不仅危害历史上的书生学子们，妨碍了社会的发展，至今仍然成为诸多社会问题形成的潜在因素。要重塑学校文化，就要敢于直面当前教

育存在的问题，大胆扬弃，发挥优势，改善不足，全面提升学生的观念、情感、态度和价值观，培养社会需要的人才。

重塑学校文化，要培养学生的科学精神，用科学在其长期发展过程中形成的，以理性和实证为特点的思维方式和行为方式规范和陶冶学生，从小就要培养学生形成求真务实的好思想和好习惯。告诫学生世界是可以认识的，在科学事业上，挑战已有权威是推进科学发展的基本规律，从事科学研究必须尊重事实，服从真理。

重塑学校文化，要努力培养学生的人文精神。科学的发展需要人文精神的滋润，科学的方向需要人文精神的指引，要引导学生实现科学精神与人文精神双向平衡、协调发展，从小就要培养学生既信奉科学，又崇尚人文，努力构建以科学为基础和手段，以人文为目标的发展观。

重塑学校文化，要培养学生的创新精神，鼓励独立见解，形成独立研究问题的习惯和能力。从小即能秉持"自由之思想，独立之精神"治学，在学校要注意构建"钦佩成功，又容忍失败"的文化氛围。培养未来知识经济社会所需要的敢想敢干又能想会干的创造型人才。

总之，重塑学校文化，就是要创建有利于社会政治经济发展，有利于人才辈出的新的文化。当然，这需要做方方面面的工作，班级活动课程的设置、开发与实施，无疑将有利于这一文化氛围的形成，并将为这一文化的形成责无旁贷地作出应有贡献。

第二章 班级活动的教育理念和教育功能

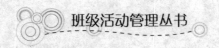

第二节 综合实践活动课程的内容及教育功能

根据本书对班级活动的界定，班级活动的外延包括综合实践活动与课外活动两部分。本节和下一节分别介绍其内容及教育功能。

一、综合实践活动课程指定领域的内容

综合实践活动课程的指定领域包括"研究性学习、社区服务与社会实践、劳动与技术教育、信息技术教育"四大部分。这四大领域都立足于学生的实践与直接经验、密切联系学生自身生活和社会实际，强调培养学生的实践能力、创新能力、社会适应与实践能力。

1. 研究性学习

研究性学习是指在教师的指导下，基于学生自身的兴趣和特点，从自然、社会以及学生自身生活中选择和确定研究专题，主动地获取知识、应用知识解决问题的学习活动。研究性学习强调学生通过亲自参与研究与探索，通过亲身实践，形成不断进取、追求卓越的态度，培养发现问题、提出问题、判断问题、分析问题、解决问题的能力，增强探究和创新意识，学习科学研究的方法，发展综合运用知识的能力。

学生通过研究性学习活动，形成一种积极的、生动的、自主合作探究的学习方式。研究性学习的内容不是具体的知识系统或某个学科领域，而

是通过课题研究或项目的实践与研究所积累的知识、直接获得的经验、方法和经过内化所积累的体验、方法、能力的总和。研究性学习的内容具有生活性、时代性、实践性、创新性等特点，各种富有时代感的主体（如环境教育、国际理解教育、价值观教育等）以及各种富有生活性的主题（如回归生活教育、生存教育等）都可以不断渗透于研究性学习之中。

研究性学习是一种学习方式，它主要从学习者个体发展的需要和认识规律出发，提出以"创新"、"探究"为目的的学习形式和有关的学习内容。研究性学习是在学校教育和集体教学环境中进行的，是学生在教师的指导下自主学习的过程，既有别于个人在自学过程中自发的个体的探究活动，又不同于真正的学者或科学家们的专门以知识发现或问题解决为己任的研究活动。在研究性学习过程中，学生只是模拟科学家的研究方法和研究过程。从研究过程看，大多不具备严格意义上科学研究的严谨性和规范性；从研究结果看，一般是已有科学研究成果的"再发现"。研究性学习强调学生的研究过程，而不是研究结果，即使学生发现什么有价值的知识或问题解决策略，那也只是学习过程的"副产品"，而不是研究性学习所要刻意追求的主要目标。

2. 社区服务与社会实践

社区服务与社会实践是学生在教师的指导下，走出教室，进入实际的社会情境中，直接参与并亲历学生感兴趣的各种社会生活和社会活动，参与社会体验性学习和问题解决学习等活动，开展各种社区服务和社会实践活动。这既是一个学生获取直接经验、发展实践能力、增强社会归属感和责任感的过程，又是不断提升学生的精神境界、道德意识和能力，使学生人格日趋完善的过程，同时也是增进学校与社会密切联系的过程。

社区服务与社会实践是具有实践性、社会性、公益性、服务性与体验性特征的学习领域。其基本内容的选择与组织既要考虑学习者的需求和身心特点，又要考虑不同地区和学校的具体情况，避免形式主义、经验主义以及教条主义，加强活动的实效性。

具体说来，社区服务与社会实践是在特定的社区背景和条件下，以主

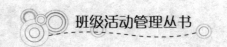

题开展各种服务性活动和实践活动，包括社会调查、社会参观、社会考察、公益劳动、义务活动等。通过这些活动，可以使学生了解社会生活的基本情况和运作方式，熟悉社区在地理环境、人文景观、物产特色、民间风俗等方面的特点，以培养学生适应社会生活的能力以及对生活、对社区的热爱感。

3. 劳动与技术教育

劳动与技术教育是学生在教育者的指导下，综合运用已有知识和经验，通过动手操作、自主探究等过程，亲身参与和经历劳动过程，亲自进行劳动实践和技术实践，以获得积极劳动体验，形成良好技术素养的过程。这是一个以操作性学习为特征的学习领域，也是一个开放性的学习领域，它强调学生通过人与物的作用、人与人的互动来从事体验性学习、操作性学习、研究性学习，强调学生动手与动脑相结合，并倡导以项目为载体从事学习活动。其内容主要围绕学生感兴趣的工农业生产领域以及第三产业的领域来选择和组织，比如到农场、工厂、超市、公司等地方进行劳动和学习。学生所从事的这些劳动要求具有一定的技术含量，不能仅停留在简单的体力劳动上，以使学生了解必要的通用技术和职业分工，形成初步的技术意识和技术实践能力。

4. 信息技术教育

随着信息化社会的到来，我们的生活、生产领域里到处都在发生着巨大的变化。信息技术的普及和广泛应用，正改变着人们的知识观，改变着人们的学习观和教育观。因此，信息技术教育应运而生，它不仅是有效实施综合实践活动课程的重要手段，而且也是综合实践活动课程探究的重要内容。

信息技术教育是一门有关信息科学基本知识和基本技术的综合性教育，也是一种培养学生信息素养的素质教育。信息技术教育的目的在于帮助学生发展适应信息时代需要的信息素养。这既包括发展学生利用信息技术的意识和能力，还包括发展学生对浩如烟海的信息的反思和辨认能力，

班级活动与班集体教育

形成健康向上的信息伦理。

以上这四大指定领域在逻辑上不是并列关系，更不是相互割裂的关系，而是相互关联、相互融合、相互渗透的关系。研究性学习作为综合实践活动课程的基础、四大指定领域的核心，既是其他三个领域学习的方式，又可以渗透于其他三个领域活动的全部内容之中。研究性学习不仅以学生感兴趣的生活问题和社会综合问题为学习对象，还可以将社区服务与社会实践、劳动与技术教育、信息技术教育作为其研究的重要内容。另外，这四大领域之间还相互融合、相互渗透、相互作用、相互促进。比如，在社区服务与社会实践的过程中，不仅运用了社会调查、观察、实验、考察、访问、参观等研究性学习方式，这些方式有助于学生进行社会实践活动，而且涉及到劳动与技术教育和信息技术教育等问题，这些问题的引入又丰富了其内容结构。

二、综合实践活动课程的教育功能

综合实践活动课程指定领域有独立的内容、性质与特点，由此决定了其教育功能也是独特的，具体如下：

1. 优化学生的智能结构

美国哈佛大学心理学家霍华德·加德纳提出多元智力理论。他在《智力的结构》一书中介绍了该理论。他认为个体至少应拥有以下七种相对独立的智力：（1）语言智力，即有效掌握和灵活运用语言的能力；（2）逻辑数理智力，即有效运用数字、推理和思维的能力；（3）空间智力，即准确感受线条、形状、结构、色彩和空间位置以及将它们表现出来的能力；（4）音乐智力，即感受、辨别、记忆、表达音乐的能力；（5）身体运动智力，即用身体表达思想、情感的能力和动手的能力；（6）人际交往智力，即察觉和区分他人的情绪、动机、意向及感觉的能力；（7）自我反省的智力，即洞察、认识和反省的能力以及调适自己生活的能力。后来他又提出

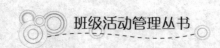

了自然观察者智力，即辨别生物和感受自然世界特征的能力。

多元智力理论与综合实践活动课程的理念、目标及教育功能不谋而合。多元智力理论重视学生的语言表达能力，综合实践活动课程强调在师生、生生对话与交流的基础上进行实践与探究活动；多元智力理论重视学生的逻辑推理与思维能力，综合实践活动课程强调以实际生活中的问题为中心开展研究活动，以培养学生的思维能力、创造能力与实践能力等；多元智力理论重视音乐节奏、视觉空间、身体运动能力，综合实践活动课程重视学生在亲身参与实践活动过程中的动手操作能力、问题解决能力的培养，重视学生全面发展和个性发展；多元智力理论重视人际交往能力，综合实践活动课程强调学生在活动过程中与同学、与老师、与家长以及与社会中的人进行交流、合作，以培养学生的社交能力和合作能力；多元智力理论重视自我反省能力，综合实践活动课程强调学生在实际操作过程中进行反思和反省，以促进学生多元认知能力的发展；多元智力理论重视观察自然的能力，综合实践活动课程强调学生在事实的情境中进行体验和感受。由此可见，综合实践活动课程有助于开发学生的多元智力，具有优化学生智能结构的功能。

2. 完善学生的人格

以往的学科课程片面强调学生在认知方面的发展，而忽视了对学生完整人格和个性的培养。综合实践活动课程不仅使学生在认知和能力方面得到了发展，而且促使学生养成了良好的行为品行以及完善了人格品质。

综合实践活动课程通过创设学生感兴趣的主题，开展学生感兴趣的活动，激发学生的学习兴趣、好奇心与求知欲，这种兴趣可以迁移到其他新的学习与活动中去，又可以培养和激发新的学习兴趣。综合实践活动课程要求学生走出课堂、走进社会，通过学生与学生、学生与老师以及学生与家长、社区人员进行交流合作，培养了学生的合作意识、团队精神，增强了学生的道德意识、社会责任感、义务感与使命感。研究性学习方法的运用培养了学生的科学观念、科学意识和科学道德，使学生养成尊重事实、坚持真理的科学态度和科学精神。学生自主地进行主题设计、内容选择、

方案规划，亲身参与活动的整个过程，这不仅培养了学生的主体精神，增强了学生的主体意识和主体能力，而且还使学生在实践过程中具备了独立思考、独立解决问题的习惯和能力，具有了不断追求进步的精神，以及磨炼自己、勇于探索、勇于克服困难、战胜困难的意志品质。

在综合实践活动中，学生必须与他人交流、合作与沟通，才可能完成任务，因此，学生在活动中学会了如何与人相处，学会了尊重他人的想法和成果，学会了分享他人的思想和快乐，分担别人的悲伤与忧愁，学会了宽容，学会了助人为乐。综合实践活动课程是围绕学生与自我、学生与他人、学生与自然、学生与社会及文化几种关系而选择的与学生生活和社会密切联系的主题，通过对这类主题的学习，能使学生了解人与自然、社会的关系，关注人与环境的和谐发展，深入了解科学对自然、社会、人类的意义的价值，从而使学生形成一种积极向上的人生观和价值观。

3. 帮助学生学会学习、学会生存

联合国教科文组织在《教育——财富蕴藏其中》中指出，教育的四大支柱是：学会认知——以便获取理解的手段，学会做事——以便能够对自己所处的环境产生影响，学会共同生活——以便与他人一道参加人的所有活动并在这些活动中进行合作，学会生存——这是前三种学习成果的主要表现形式。四大支柱既是教育发展的内在要求，也是社会、科技发展对教育所提出的要求。新一轮基础教育课程改革便是在这一教育理念指导下进行的，综合实践活动课程作为新课改的重要内容，从指导纲要的制定、课程的开发、方案的设计，到具体活动的实施也都体现了新的教育理念和课程理念。因此，综合实践活动课程秉着一种既要"授人以鱼"，也要"授人以渔"，更要"授人以鱼塘"的思想，即不仅教学生学会什么，更重要的是让学生在课程的实施过程中学会如何学习、学会如何与他人共处、学会如何生存。在综合实践活动过程中，在教师的指导下，学生通过亲身参与和亲自实践，学会了如何获取、分析和处理信息，学会了如何发现、分析和解决问题，学会了如何与人交流，学会了如何去探究、去创新。

第三节　课外活动的内容及其教育功能

　　除了综合实践活动课程指定领域内的内容，我国中小学的传统课外活动来源于学生的需要、兴趣、爱好、特长、学科知识等方面，开展形式也多种多样，如：班团队活动、校传统活动（科技节、体育节、艺术节）、学生同伴间的交往活动、学生个人或群体的心理健康活动等，这些形式多样的活动体现了不同的内容、特点、价值及功能。

一、学校大型活动

　　学校大型活动主要是为了丰富和充实学校的生活，为了完善和发展学校教育，以学校为单位举办的各种教育性的集体活动，包括一些仪式活动（入学典礼、开学典礼、结业典礼、毕业典礼、纪念活动等）、体育与健康教育活动、科技活动、艺术活动、劳动与实践活动等。

　　学校大型活动体现了较强的集体性和社会性特点，因此在促进学生社会性发展方面具有突出的价值和功能。学生参与学校集体活动，通过与他人进行多向交流、交往，能够逐步形成集体的所属感和归属感，能够培养集体的责任感、荣誉感和自豪感，学会理解、尊重自己和他人，学会与人相处，形成合作交流的意识、态度与能力，增强集体生活的能力。

二、少先队和学生会活动

少先队、学生会活动是以全校性的组织单位（少先队、学生会等）举办的自治性的活动，比如广播活动、宣传活动、美化环境活动、参观访问活动、慰问活动、保健活动等。通过这种民主的、自治性的活动，可以促进学校教育质量的提高，学生生活的改善，培养学生的合作精神和自我管理能力，形成良好的人际关系和社会性，增强集体的归属感和连带感以及自主性、主体性和自治性。

三、班团队活动

班团队活动是以班级为单位开展的具有自主性、教育性和实践性的活动。它主要是为了适应班级生活的需要，为了提高班级的生活质量，围绕生活与学习习惯、健康与安全、理想与信念、道德与规范、人际关系等与学生生活实际密切联系的问题而开展主题式的教育活动。

集体性的班团队活动有助于学生形成集体的规范意识和道德，提高道德实践能力，有助于学生培养持之以恒的意志品质、积极向上的情感态度行为，并有助于促进学生个性全面和谐的发展。

四、学生同伴间的交往活动

学生同伴间的交往活动是学生同伴之间以问题为中心进行的交往互动活动，它带有普遍性和偶然性。通过同伴间的交往活动，能够排除和化解同伴间产生的矛盾、冲突和纠纷等，培养学生的宽容心、爱心、正义感、公正心，培养学生相互尊重、相互体谅、相互学习、相互帮助的良好品质。

五、学生个人或群体的心理健康活动

　　学生个人或群体的心理健康活动可以通过多种形式来开展，比如，心理咨询、心理健康教育课程、心理健康教育讲座、心理剧等，无论哪种形式的心理健康活动都有助于学生健康心理的养成。

　　班级活动中的课外活动与综合实践活动都有各自独特的内容、性质、特点和功能，因此二者之间具有各自相对独立性、等价性和不可替代性。但是，它们之间也并不是相互排斥、相互割裂的，而是相互联系、相互补充、相互关联、相互作用、相互促进的。

第三章　班级活动中的研究性学习教育

　　20 世纪 90 年代以来，世界各国都推出了适应新世纪挑战的课程改革。虽然各国国情不尽相同，教育水平也各有差异，但是改革的共同趋势是倡导课程向儿童经验和生活回归，追求课程的综合化。在这样的背景下，设置研究性课程，关注学习方式的转变，强调培养学生主动探究和创新的实践能力，便成为迎接新的信息时代到来的基础教育课程改革的必然选择。作为班级活动必修课程的核心，研究性学习的内涵、特征以及教育功能就成为我们关注的重点之一。

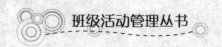
第一节　研究性学习的内涵与特征

研究性学习是综合实践活动课程的核心部分，它不仅要转变学生单一、呆板的学习方式，而且要通过转变学习方式促进每一个学生的全面发展，让学生在学会接受性学习方式的同时，学会一种新的研究性学习方式，以实现新课程的改革目标，培养学生的创新精神和实践能力。

一、研究性学习的内涵

研究性学习理论的提出，是有着极为广阔的社会背景的。社会的信息化、经济的全球化使创新精神与创造能力已成为影响民族生存状况的基本因素。在促进我国经济发展和提高国际竞争能力方面，目前我国劳动者的素质和科技创新能力存在着与时代需要不相适应的状况，而且，这已成为亟待解决的问题。当今信息化时代已见曙光，科技迅猛发展，一个国家、一个民族要在世界上立于不败之地，必须要有创新精神，要有科学的创新，技术的创新，知识的创新。

创新精神要从小开始培养，要从最大限度地开发学生的潜能开始。一般具备中等以上智力的学生，只要充分开发他们的潜能，都具有创造性。从教育现状看，我们现行的教育观念和实际操作在很大程度上不利于开发学生的潜能和创造能力。为开发学生潜能，培养学生的创新精神和实践能力，实现新课程的培养目标，必须让学生在学会接受性学习方式的同时，学会一种新的研究性学习方式。

研究性学习在我国新课改中有两种提法，一是学习方式，一是课程。作为一种学习方式，"研究性学习"是指教师或其他成人不把现成结论告诉学生，而是学生自己在教师指导下自主地发现问题、探究问题、获得结论的过程。"研究性学习"是与"接受性学习"相对应的概念。

就人的发展而言，"研究性学习"与"接受性学习"这两种学习方式都是必要的，在人的具体活动中，两者常常相辅相成、结伴而行。之所以在我国新课程体系中强调"研究性学习"，并不是因为"接受性学习"不好，而是因为我们过去过多倚重了"接受性学习"，把"接受性学习"置于中心，而"研究性学习"则被完全忽略或退居边缘。强调"研究性学习"的重要性是想找回"研究性学习"在课程中的位置，而非贬低"接受性学习"的价值。作为一种学习方式，"研究性学习"是渗透于学生的所有学科、所有活动之中的。

研究性学习活动是学生基于自身兴趣，在教师指导下，从自然、社会和学生自身生活中选择和确定研究专题，主动地获取知识、应用知识、解决问题的学习活动。教育是在具体的情境中不断实践、不断交往的活动，在同归生活的探究性活动中，实现教育目标，教育是训练对于生活的探险，研究则是智力的探险。

作为一种课程形态，"研究性学习"课程是为"研究性学习方式"充分展开所提供的相对独立的、有计划的学习机会。具体地说，是在课程计划中规定一定的课时数，以更有利于学生从事在教师指导下，从学习生活和社会生活中选择和确定研究专题，主动地获取知识、应用知识、解决问题的学习活动。所以，"研究性学习"课程是指向于"研究性学习方式"的定向型课程。之所以设置专门的"研究性学习课程"，是因为我国基础教育长期以来习惯于分科课程和"讲解式教学"、"接受式学习"，这种习惯必将是研究性学习方式有效渗透到各科课程中的强大阻力，所以设置特定课程来给教师和学生观念及行为转变提供空间。

第三章 班级活动中的研究性学习教育

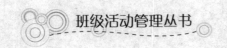

二、研究性学习的基本特征

研究性学习具有开放性、探究性和实践性的特点，是师生共同探索新知的学习过程，是师生围绕着解决问题共同完成研究内容的确定、方法的选择以及为解决问题相互合作和交流的过程，以期实现新课程的目标。

1. 研究性学习是一种自主开放性课程

研究性学习的内容不是特定的知识体系，而是来源于学生的学习生活和社会生活，立足于研究、解决学生关注的一些社会问题或其他问题，涉及的范围很广泛。它可能是某学科的，也可能是多学科综合、交叉的；可能偏重于实践方法，也可能偏重于理论研究方面。

即使在同一主题下，由于个人兴趣、经验和研究活动的需要不同，研究视角的确定、研究目标的定位、切入点的选择、研究过程的设计、研究方法、手段的运用以及结果的表达等可以各不相同。因此，研究性学习具有很大的灵活性，为学习者、指导者发挥个性特长和才能提供了广阔的空间，从而形成一个开放的学习过程。

研究性学习要求学生在确定课题后，通过媒体、社会调查等多种渠道，收集信息，并加以筛选，选用合理的研究方法，得出自己的结论，从而培养了学生的创新意识、科学精神和实践能力，它的最大特点是教学的开放性。主要表现在：

第一，教学内容是开放的。天文地理、古今中外，只要是学生感兴趣的题目，并有一定的可行性，都可作为研究课题。

第二，教学空间是开放的。强调理论联系实际，强调活动、体验的作用。学习地点不再限于教室、实验室和图书馆，要走出校门进行社会实践；实地勘察取证、走访专家、收集信息等。

第三，学习方法、思维方式是开放的。针对不同目标，选择与之适应的学习形式，如问题探讨、课题设计、实验操作、社会调查等。要综合运用多门学科知识，分析问题、解决问题的能力增强了，思维方式从平面到立体，从单一到多元，从静态发展到动态，从被动发展到主动，从封闭到开放。

第四，收集信息的渠道是开放的。不是单纯从课本和参考书获取信息，而是从讲座、因特网、媒体、人际交流等各种渠道收集信息。

第五，师生关系是开放的。学生在研究中始终处于主动的地位，教师扮演着指导者、合作者、服务者的角色。提倡师生的辩论，鼓励学生敢于否定。

2. 研究性学习是一个研究性的学习过程

研究性学习过程一般包括：

第一，提出问题。学习者投入到对问题的探索中。问题来自于自然现象、社会现象和自我生活，与学校学科教学内容联系在一起，这些问题能引导学习者进行实证调查研究，通过收集和利用数据来形成对各种现象的解释。

第二，收集数据。学习者重视实证在解释与评价问题中的作用。实证是科学与其他知识的区别。在研究性学习中，学生根据实证资料做出对各种现象的解释：（1）观察；（2）测量；（3）实验室中的实验、观察和测量；（4）从教师、教学材料、网络或其他途径获得实证资料，使研究进行下去。

第三，形成解释。学习者在实证的基础上，根据逻辑关系和推理，找到事件的因果关系和其他解释。

第四，评价结果。学习者根据其他解释对自己的解释进行评价。学生能通过参与对话比较各自的研究结果或把他们的结果与教师或教材提出的结果相比较来评价各种可能的解释。

第五，检验结果。学习者交流和验证他们提出的解释。让学生们交流他们的研究结果可以为其他人提供问题、检验实证材料、找出错误的推理、做出实证资料所不能证明的表述，以及根据同一观察资料提出其他不同解释的机会。

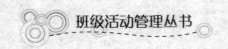

3. 研究性学习是一种研究性主题活动

研究性学习作为一种主题活动，是教师根据新课标和实际需要，自主设计的具有明确主题和活动内容的学习活动，是一项有效学习的组织形式。具体表现：

（1）活动组织的计划性。教学中把研究性学习纳入到学科教学整体范畴，有定期、定点、定人、定内容、定形式的要求。

（2）活动内容的专题性和广泛性。活动内容范围十分广泛，学生可以在与有关的物理、社会、资源、环境、人文、科技等相关范围内拟定研究主题，学以致用。

（3）学生参与研究的自主性。学生是研究性主题活动的主体、操作者与执行者。学生自行选择课题，自行进行课题研究的组织与实施。

（4）运用知识的综合性。在整个活动过程中，强调学生综合运用多种知识，强调各学科知识综合运用。鼓励学生多渠道获得信息与资料的训练，如利用互联网等同时，培养学生对信息的分析、整合、交流的能力。

（5）研究过程的灵活性与合作性。研究性主题活动对学生的研究过程不作统一格式的要求，但规定参与活动的学生必须全身心、全过程、全方位参与活动，学生之间既有相对分工，又有相互合作，注意在整个研究过程中，形成包括阅读、讨论、走访等多元化、灵活的交互性沟通机制与研究程序。

（6）设计评价全程化、多元化和弹性化。研究性学习的评价贯穿在整个学期的主题活动过程中，不仅要评价学生所选择课题的意义、价值、新颖性、可行性等，评价学生设计的研究过程的合理性，评价研究过程的科学性与先进性，而且还要评价学生在整个研究过程中所表现出的创造性、科学探求精神与合作精神，从而体现评价的内容与标准的多元化。

第二节 研究性学习的教育目标和功能

一、研究性学习的教育目标

对中小学综合实践活动中研究性学习的目标定位，大体上可以概括为以下七个方面：

1. 激发探究学习的兴趣和好奇心

兴趣是构成青少年学习积极性的最重要的心理因素，也是推动人们认知活动的内部机制。传统教育单一使用接受式学习获取知识的办法，最大弊端就是泯灭了学生求知的兴趣和对新事物的好奇心。

针对传统教育的问题设置的研究性学习，解除了单一学科知识学习的羁绊，把学生的手脚和大脑从教室和书本中解放出来，学生可以凭自己的兴趣和爱好选择课题，主动尝试自主探究，便造就了使学生心理得以自由发展的环境。强烈的兴趣，必将催生出学生学习的好奇心和求知欲，并为"比知识更重要"的想象力的发挥创造条件。

2. 获得参与实践、探索研究的积极体验

班级活动课中的研究性学习，属于过程性的实践学习，重参与、重过程、重体验是它的本质特征。它主张以实践求真知，以参与求体验，在活动过程中求发展。一般讲来，中小学生研究性学习的所谓成果，也仅仅是他们在成长过程中，在有限知识和阅历的基础上取得的，即使是一些所谓骄人的创新成果，也多是相对自己的过去或周围同龄人而言，很难说得上是真正的发现和发明。正因如此，作为中小学生的研究性学习，并不着重那些眼前的成果，这些所谓"成果"最终都将还原为成长的过程，成为人生长河中的浪花。

研究性学习关注过程，重视体验是着眼于未来，关注的是学生未来的发展。这是因为他们参与了实践和研究的过程，通过自主探究，有机会接触和探索自然的奥秘，了解和发现社会的热点问题；通过对发生在自己周围的各种自然和社会现象进行积极的观察和思考，激发了他们发现问题、分析问题和解决问题的兴趣；了解了自然和社会现象的复杂多变和丰富多彩，会提高他们关爱自然、关爱社会的情感和进而参与自然和社会问题解决的积极性。活动中取得成功固然会使人获得成就感，就是活动中遭遇的任何挫折和失败，只要处置得当也会锻炼人们的勇气和智慧，成为实现人生发展的动力。总之，活动过程中耳濡目染、渗透于心的感受，无不会丰富学生们的内心世界，促进他们情意的提升，无不具有极大的教育价值。

3. 发展探究问题的能力

所谓探究问题的能力就是发现问题、分析问题和解决问题的能力。确定和选择研究课题是实施研究性学习的第一步。然而现实中的问题都是隐蔽的，并非会现成地呈现出来，必须通过观察或调查，以及对得到的材料加以连贯起来思索方能获得。为此，开展研究性学习必须从学生的实际出发，引导和帮助他们采用多种办法，对特定情境中的事物进行仔细的观察或调查，并对取得的结果加以科学的分析，从而确定需要并可能予以研究的课题。这就是所谓发现问题的基本过程。

确定了研究的课题，要想解决它，并得到预期的结果，还必须掌握科学研究方法，具备一定的科学研究的能力，也就是说要能够针对需要研究的问题提出符合逻辑的假设，制定比较明确和清晰的研究思路，运用科学的方法实施具体的研究。届时，学生们还必须学会使用各种不同的工具或设备，多渠道地收集信息，采集数据，学习对信息和数据进行深入分析和

班级活动与班集体教育

研究的方法，直至对问题作出合理的解释，得出明确的结论，进而和同学们进行交流和分享。

上述发现、分析、解决问题的全过程，既是进行科学研究的基本程序，也是处理日常事物和社会事物的一般过程。过程中获得信息和知识固然重要，然而更重要的，却是人们处理和使用信息和知识并使之发挥作用的思维能力。为了有效地提高学生的发现和解决问题的能力，尤其需要注重加强思维能力的培养。

4. 培养合作与分享的意识和能力

现代科学技术高速度、高水平和综合性的发展态势，使科学研究告别了以往个人奋斗的时代，构建和谐社会更需要以人的合作与分享为基础。因此，合作意识和能力已经成为现代社会人们必须具备的基本素质，培养学生合作与分享的意识和能力也已经作为重点目标之一，体现于新课程改革各门课程之中。

研究性学习的课程特点和实施过程，有利于对学生实施合作与分享的教育。研究性学习是一项立足于个性基础之上的群体性学习活动，小组合作的学习方式，天然有利于实施合作与分享的教育。共同完成的研究课题，本身就是体现合作与分享理念的无须雕琢的自我教育过程。这样的学习，有着共同的目标，必须做合理的分工，每个人完成的分内工作，即是共同任务的有机组成部分；个人要对集体负责任，完成任务就要克服依赖心理，不仅要自觉地完成分给自己的任务，而且要敢于和善于为了搞好集体的事情提出自己的意见和建议。研究性学习为人们提供的有利于进行人际沟通和合作交流的良好平台，最终将会使学生形成乐于合作的团队精神，学会与同伴交流分享信息、创意和研究成果，提高合作的意识和能力。

5. 培养科学态度和科学精神

从现实生活中挖掘问题、主动探究，是一项充满困难和艰辛的学习过程，也是培养学生形成科学态度和科学精神的有效载体。

科学求实的态度是进行科学研究的基本要求。在组织学生进行研究性学习时，要不失时机地、切实地引导学生学习和理解一切从客观存在的事实出发，而不是从某种观念或本本出发的重要性，凡事要认真思考，不盲从、不迷信、不弄虚作假、不人云亦云；说话要有证据，任何时候都要尊重客观事实，尊重客观规律，尊重辩证法。为此，在研究性学习过程中，既需要学会从实际出发，脚踏实地，持之以恒地进行研究，又要学习从事物内部以及事物之间的联系中，寻找事物发展和变化的原因，实事求是地作出研究的结论；同时还要学会善于自我反思，择善而从，培养尊重他人的观点、意识和研究成果的行为习惯。

科学发展的历史昭示我们，挑战已有结论是科学发展的常规，培养和造就引领科学和社会潮流的一代新人，从小就要培养学生具有见贤思齐，不断追求和进取的精神，和不畏困难、勇往直前的意志品质。发挥研究性学习"做中学"的优势，充分挖掘其教育功能，学生的科学态度和科学精神必将会在研究性学习的过程中得到有效的锻炼和提高。

6. 尝试各种相关知识的综合运用

以问题的解决为中心的研究性学习，无须刻意地寻找和挖掘，总会在我们的周边发现需要解决的问题，而这些问题的解决又需要灵活运用各种知识，这就为激活各学科知识储备，发挥知识的作用创造了条件。

人们常说，"知识就是力量"。其实知识只是一种潜在的力量，只有知识被使用才有力量，知识只有处在被激活、被使用的状态，才会发挥其帮助人们认识世界和改造世界的重要作用。

学生在学校里使用继承性学习的方法，从书本或教师那里接受了大量的学科性的知识，这些知识即使全部是真理，让他们长期处于互相分割和备用状态，也不会发挥任何作用，最后被遗忘掉，这是许多人都会拥有的经验和教训。而在进行研究性学习时，为了解决问题，学生们就会主动地尝试将以往学过的各科知识运用于对研究问题的解决。这样的学习，知识真正地被激活了，不但会体现知识本身的价值，而且在问题的解决过程中还会帮助人们加深对各科知识的内在联系的理解，有利于对各科知识融会

贯通的把握，推动学生的学习进入良性循环的状态。

7. 形成关爱自然和社会的责任心和使命感

新一轮课程改革主张突破学校和社会的藩篱，沟通学校和社会的联系，为学生提供更多开放的学习空间，为培养学生关爱自然和社会的责任心和使命感创造良好的条件。研究性学习即是最能体现这一要求的课程形式。

了解自然、研究自然是研究性学习的重要内容。学生们在对各种自然现象的观察和研究过程中就会发现，看似孤立的自然现象，原来是一个互相联系着的有机整体，任何因素或环结遭到破坏都会产生难以估量的后果。

当前，令人瞩目的环境问题、生态问题以及时有发生的灾难性的自然事件，都直接或间接地与人为因素有涉，或与人类生存和社会发展息息相关。通过研究性学习的实践，无疑会帮助学生加深对这些问题的理解。

人与社会是研究性学习的另一个重点，当学生走出教室，来到社会的大课堂时，他们就会在了解社会、研究社会的过程中，学习并逐渐认同制约社会发展的各项游戏规则，通过反求诸己，确定个人在社会生活中的地位。

总之，通过研究性学习，学生们将会有条件也有可能深入思考自然、社会和个人之间的内在联系，深入理解科学对自然、社会和人的意义与价值。在学会关爱自我的同时，学会关爱自然、关爱社会，学会关心国家和社会的进步，关注并思考国家的命运和人类的前途，逐步地将自己的理想和自然与社会的可持续发展联系起来，形成积极的价值观念和人生态度。

第三章　班级活动中的研究性学习教育

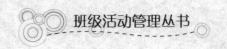

二、研究性学习的教育功能

1. 研究性学习是素质教育实施的有效手段

研究性学习的目的是培养学生运用所学知识解决实际问题的能力，是素质教育实施的有效手段。素质教育是根据人的发展与社会发展的实际需要，以全面提高每一个学生的基本素质为目的，以尊重发扬学生主体和主动精神，充分开发人的智慧潜能和形成人的健全个性为根本特征的教育。素质教育是研究性学习的目标和归宿。

研究性学习强调学生通过自主参与、自主探究，对自己的学习负责，孩子们必须得到不定期程度的自由，只有这样才能使他们学会负责，否则，不管我们如何改进学校，要是学生们不努力学习，没有自我约束，那他们终将失败。研究性学习重视培养学生的自我发展能力、获得亲身体验，逐步形成善于质疑、乐于探究、勤于动手、努力求知的积极态度，产生积极情感，激发他们探索、创新的欲望。

在研究性学习活动中，学生能将注意力集中于知识的动态方面，比如对知识的共享、创造、适应、学习、运用和沟通。他们倾向于将知识看作充满不断转变、融合、合并的知识成分的动态的液体。他们不太关心信息流的控制，而是对鼓励参与和协助沟通更感兴趣，有利于开发学生的潜能，增强探究意识，提高学生的素质，实现素质教育根本性目标提高国民素质。

2. 研究性学习是素质教育实施的有效载体

研究性学习的内容大多是与社会生活实际联系密切的课题，特别是人类生存、社会发展的问题，如环境生态保护，精神文明建设，经济建设，科学技术发展等。这些问题与人们生活息息相关。

在研究性学习的过程中，通过社会实践和调查研究，学生要深入了解科学对于自然、社会与人类的意义与价值，学会关心国家和社会的进步，学会

关注人类与环境和谐发展，形成积极的人生态度，培养学生关注社会生活实际、关注人类发展的意识，增强责任感，实现素质教育思想道德目标。

研究性学习内容的开放性和综合性。研究性学习打破学科教学的封闭状态，把学生置于开放、多元的学习环境中，提供给学生能够更多地获取知识的方式与渠道，使学生汲取多学科的知识，获得更多新的信息。同时，通过对知识的探究和应用，可以有效解决学科知识割裂整体知识的问题，建立合理的知识结构，培养学生的综合运用知识的能力，有利于实现素质教育的目标，提高人的综合素质目标。

3. 研究性学习有利于提高人的基本素质，促进个性发展

研究性学习注重引导学生应用已有的知识与经验，学习和掌握一些科学的研究方法，培养发现问题和解决问题的能力，保持学生独立的持续探究的兴趣，思想、观念不可能以观念的形式从一个人传给另一个人。当一个人把观念告诉别人时，对听到的人来说，不再是观念，而是另一个已知的事实。这种思想的交流也许能刺激别人，使他能认清问题的所在，提出一个类似的观念；也可能使听到的人抑制他理智的兴趣，压制他开始思维的努力。但是，他直接得到的总不能是一个观念。只有当他亲自考虑问题的种种条件，寻求解决问题的方法时，才算真正在思考，也才能提高思考的能力；注重培养人的合作的意识和能力，研究性学习活动中努力创设有利于人际沟通与合作的教育环境，通过小组学习，促使学生在与他人共同学习、分享经验的过程中，使学生学会交流和分享研究的信息、创意及成果，发展乐于合作的团队精神，养成合作与共享的个性品质。

在研究性学习的过程中，学生实事求是地开展研究性学习，有利于培养严谨、求实的科学态度和不断追求的进取精神，养成科学态度和科学道德。注重培养学生学会学习、学会探究、学会分享、学会合作等方面的能力，为提高人的素质打下基础，实现素质教育的智能目标和科学文化素质目标。

研究性学习注重个体差异，每一个人都可以根据自己的学习兴趣、已有的知识和能力水平，选择适合自己学习的内容。有利于每个人根据自己的知识和能力水平、发展方向和发展速度，因材施教，发展个性。

第三章 班级活动中的研究性学习教育

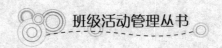
第三节　研究性学习的组织和实施

一、研究性学习实施的保障条件

　　研究性学习的组织和实施，需要一定的条件作为保障，因为理念的创新并不意味着实践上可以一帆风顺，相反，一些新的教学理念在实际的教育实践中必须面对和克服许多困难。研究性学习也是一样，仅有对研究性学习的理性思考还不能保证变革的成功，还应该提供充足的支持以保障研究性学习的组织和实施。这些保障条件通常包括资金、设施、时间、空间、教师文化以及家长和政策的支持等。

1. 课程领导

　　课程领导作为一个专业名词来讲对于很多教育工作者来说可能还是新鲜的，但实际上课程领导向来有之，只是领导的意识、方式与方法随着时代的变化在不断变化。课程领导的一个核心人物就是学校的校长，毫无疑问，校长对学校工作有着全面而直接的影响。研究性学习能够走进学校、走进课堂，首先取决于校长对这一变革的理解、认同以及领导。然而，大多数校长的日常工作还主要是行政领导，在课程领导方面还有很多欠缺。在实际的教育教学实践中，校长直接参与课程领导的程度并不高，为推动研究性学习的实施，校长首先应在变革中发挥更多的课程领导作用。

　　在实施研究性学习的过程中，课程领导要充分发挥校长的领导作用，让校长真正参与到实施的具体过程之中，而不仅仅是决策者，更不能仅仅是旁观者。

2. 教师保证

即使有了校长的课程领导，研究性学习实施的问题还远远没有解决，研究性学习还有一个关键的要素，那就是教师。教师的保证是研究性学习实施不可缺少的保障条件。

首先是教师文化的变革。我国传统的学科教学中，教师对课程与教学问题都拥有很大的自主权，对自己所教的学科非常熟悉，然而，尽管有一些所谓的教研组、学科组的存在，但实际上多数学校教师之间却往往缺乏合作与沟通，形成教师在学校教学中单打独斗的局面。这种状况对常规教学来说是适应的，但它无法应付研究性学习的新情况。

研究性学习对教师的知识素养、教学技能、沟通能力等提出了全面综合的要求，许多学习项目往往需要不同学科领域的教师齐心协力、共同完成。因此，如果教师能在教学中相互协作，多进行专业交流，建立一个学习型组织，实施研究性学习就会更加顺利。在这一方面，学校应多组织教师工作坊，同时设置一些不同学科间教师的合作项目，如小组备课、小组教学等，增加教师之间的合作机会，促进教师文化发展到自然合作文化阶段。

教师保证的另外一个方面就是教师素养的提高。研究性学习的实施，给目前的教师队伍带来了严峻的挑战，其中最为突现的问题在于以下方面：

（1）教师的知识面狭窄，知识结构不够完善，难以应对研究性学习对教师跨学科的综合知识结构的要求。从我国现有教师教育体系来看，教师在师范院校中形成知识结构的分科（单一的系科）更甚于学生在中学阶段的分科（复合的分科），而研究性学习的目的是培养学生的综合能力与实践能力，但当前教师的知识结构还处于离散阶段，这必然导致教师对学生研究性学习指导上的困难，如果教师的知识结构与思维模式无法达到综合化与实践化，对学生的指导则会显得苍白无力。

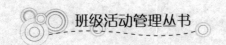

（2）教师的教学模式还没有从逻辑理性转向实践理性，教学方式与教学思维还停留在单纯的知识授受上，对于如何培养学生在知识的综合与应用中的实践理性感到有点措手不及。由于教师职业的特殊性，使得绝大部分教师生活都是以学校开始，以学校结束，没有真正的参与"学校的社会实践"。因此，研究性学习既要改变传统的知识授受模式，形成以实践促进认知的新思维；又要求教师走出学校参与社会实践，获得参与社会的体验，并建构自己初步实践理性的知识结构。

因此，如何解决教师知识结构的单一性，如何培养教师的实践理性，如何培养教师之间的合作精神等，这都是研究性学习对教师提出的问题，解决这些问题的途径之一是改革现有的教师培养体系，在教师的培养体系中要加强对教师综合知识、实践能力的培养，解决的另一个途径是对现有的教师进行职后培训，加强对现有教师相关方面的训练和提高。只有切实有效地提高教师上述方面的素养，研究性学习的实施才能有教师方面的保证。

3．学校、家庭、社区全方位的参与

研究性学习既需要有校长的课程领导，也需要教师知识和素养的保证，这些还只是学校的因素，研究性学习的实施还需要学校、家庭和社区的全方位参与。

家长是影响学校课程与教学的最直接的力量。家长参与学校活动会对学生的学习成果、学习动机和态度产生积极的促进作用，然而在实践中，家长与学校和教师的关系并不像我们想象中的那么融洽。研究性学习并没有受到家长的普遍欢迎，尤其是在初中的升学阶段和高中阶段，多数的家长认为孩子应该把学习的重心放在学科教学上，以迎接选拔性的考试。由于对研究性学习缺乏了解和参与，对实施研究性学习十分不满，他们通过向学校领导提意见、命令孩子退出研究性学习活动，甚至扬言让孩子退学等方式，对学校的做法表示不信任和不支持。

如何消除来自家长的阻力，并使其成为研究性学习的支持者呢？学校需要在家长和教师之间发展一种合作的伙伴关系。为发展这种积极的伙伴关系，学校在实施研究性学习的过程中应尽量扩大家长的了解和参与程度。在学习活动开始和结束时，学校可以通过家长座谈会、开放日等使他们了解学习的内容，征求家长的意见和他们对学习活动的评价；在学习活动进行中，学校可以组织家长观课，还可以邀请部分家长作为某项学习主题的校外指导员，使家长参与到研究性学习当中。

除了家长的因素，还应该有社区的支持和配合。研究性学习是对传统学校教育的批判与补充，这既表现在学校教育的结构上，研究性学习以激发学生的怀疑精神与求知欲望为动机，以形成学生的知识综合能力与实践能力为目的，这既是对传统教学结构的批判，也是对教学目的在实践理性上的补充。

在时间与空间上，研究性学习超越课堂教学对学生的时空限制，使学生对知识的追求与发展、综合与应用不再局限于课堂教学、教室或学校，它建构了知识的学习与学生日常生活之间的桥梁，将学生的求知融于生活之中。然而，传统学校教育毕竟被社会所认可，有着厚实的生存环境与社会支持系统，这使得研究性学习在对传统教育进行批判与补充的过程中，不得不面对社会对研究性学习的质疑，应对传统学校教育发展惯性的抵制力。

研究性学习若想在结构与时空方面超越学校教育，更大程度地渗透于社会实践，就需要得到社会系统的认可与支持。这种认可和支持主要体现在：（1）社会应改变过去"学校是知识操练的兵营"的思想，认可学校培养学生知识综合能力与实践能力的教育目标。（2）为学生的社会实践提供相应的条件与帮助，这既是培养学生实践能力的机会，也是学生体验社会的过程。（3）认可学生作为社会个体的社会权利与社会责任。学生有着自己的兴趣与思想，有着自己的学习方法与模式，这是他人无法驾驭的；同时学生也理应在社会实践过程中，形成自己的社会责任感，如与同学进行合作，形成对社会不良现象的斗争意识等。

在社会认可的基础上，才可能有对研究性学习的支持和配合，研究性学习需要很多课堂之外的课程资源的社会资源，这些都需要社区的大力支持，离开社区的参与，研究性学习可谓举步维艰。

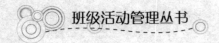

4. 资源支持

上述诸项都可称为实施保障中的"软件",研究性学习的保障条件中还有一类十分重要的因素,即作为"硬件"的资源支持,这类资源通常包括资金、设施、时间、空间、网络、社区资源等因素。实施研究性学习并非一蹴而就的,一般需要三五年的时间才会显示出可观的实施成效。这一漫长的过程需要我们大量的资源支持。但现有情况表明,在新课程改革过程中一线教师所获得的资源支持微乎其微。工作负担沉重、缺乏时间备课和规划、班级人数过多、教学辅助材料不足等是教师面临的普遍问题。至于供学校、教师进行课程改革支配的资金更是少之又少,甚至上级教育行政部门根本没有将之列入计划。这些情况加大了中小学实施研究性学习的难度。

面对这种局面,学校一方面要依靠本校教师的力量,自力更生、集思广益,通过组织校本或校际的培训、观摩与研讨活动,共同解决资源上的不足;另一方面,学校还需与社区建立伙伴关系,利用社区中蕴藏的丰富资源,如图书馆、博物馆和青少年活动中心等。学校还可以发挥服务学习、行动指向的社区学习计划的优势,通过服务社区来争取社区对学校的资源支持。

5. 政策支持

尽管研究性学习已经写入了国家的正式文件,成为从小学到高中设置的一门必修课程,然而这并不意味着研究性学习已经有了切实的政策支持,这种政策上的支持应该是系统的。从我国改革开放以来的课程改革来看,选修课程、活动课程都发挥了各自应有的历史作用,但在课程实施过程中,两项课程都没有得到过稳定的发展,最终还是以一种"附属物"的身份出现。如今,综合实践活动课程以及研究性学习的提出,在国家的层面已经有了政策的体现,然而,研究性学习在具体的实施过程中是否能得到强有力的政策支持需要各地方、学校的支持,不把研究性学习仅视作简单的迎合学生的兴趣或是对学生学科学习的调剂;另一方面,也是更重要的方面,研究性学习需要一个相应的评价导向,将研究性学习真正纳入到

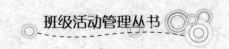

学校的评价体系之中。一门新的课程类型如果得不到系统全面的政策支持，只能游离在"主流"的课程之外。

二、研究性学习的实施途径

根据研究性学习在不同领域的特点，研究性学习的实施途径主要有三条：一是单独设置，作为活动课的一种类型加以实施，单独设置的研究性学习活动又称为研究型课程；二是在综合性学科课程中，通过主题模块的设置加以实施；三是在单科性学科课程中，通过穿插综合性专题加以实施。

三、研究性学习实施的基本要求

1. 师生的积极参与

研究性学习的第一个要求是教师和学生要积极参与到研究性学习的具体过程中。传统教学有一个备课的过程，对教师和学生有一个充分的了解，研究性学习应该吸取传统教学中的有益成分。尽管研究性学习并不需要教师死背课程内容，但是，教师应该在研究性学习开展之前对研究性学习的基本内容有一个充分的了解，要对研究性学习开展的主题有一个明确的认识，对研究性学习开展的基本思路和程序有一个大致的把握。不仅如此，教师还要引导全体学生主动参与，充分发挥学生在研究性学习全过程中的自主性，特别要注意激发和保护学生的探究兴趣和热情。教师在研究性学习过程中的引导作用在研究性学习中显得尤为重要，教师引导如果到位可以促进研究性学习的顺利开展，反之研究性学习的开展可能会流于形式。在研究性学习的过程中，教师不能以学科成绩落后等理由，限制学生参与研究性学习活动。

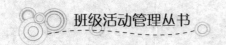

2．明确主题

研究性学习必须要有一个明确的主题，就像学科教学必须要有明确的教学内容和教学目标一样，研究性学习的实施需要让师生有一个共同的活动主题，比如"目前市场上哪个牌子的洗衣粉最好？"或者是"某山区为什么雾天那么多？"等诸如此类的课题。一方面，教师可以根据明确的课题进行充分的准备，另一方面，根据一个明确的课题，教师要向学生提出有明确具体要求的任务，发挥它对学生学习过程的引导作用。不仅如此，明确的主题还应该包括研究性学习的任务，一般可包括用多长时间、完成哪些工作、向谁递交或发表怎样的成果等。可以通过范例介绍的方法，让学生明白自己的任务。

3．开展的形式不拘一格

研究性学习的开展，尽管需要遵循一定步骤和程序，但在开展的过程中，研究性学习开展的形式却是可以多种多样、不拘一格的。研究性学习的开展要从地区、学校与学生的实际出发，选择和确定适合自己特点的开展形式：研究性学习活动可以单独实施；也可以与综合实践活动的其他指定领域，如社区服务和社会实践、劳动和技术教育，以及与学校、班级、共青团、少先队的活动相结合加以实施。研究性学习可以以课外活动的形式开展，也可以以课堂教学的形式开展。

4．课内外结合

需要利用一部分课内时间，由教师对学生进行集中指导，或由学生进行交流研讨等；也需要利用较多的课外时间，包括节假日和寒暑假时间，由学生进行集体的或独立的研究活动。

四、研究性学习的实施类型

依据研究目标和内容的不同，研究性学习的实施主要可以区分为两大类：课题研究类和项目（活动）设计类（在实践中，这两类常常被统称为课题研究）。

课题研究以认识客观世界和人自身的某一问题为主要目的，具体包括调查研究、实验研究、文献研究等类型。需要说明的是，研究性学习中的课题研究和科学研究中课题研究并不是一个概念，研究性学习的课题研究并不像科学研究中的课题研究那样程序规范和逻辑严密，但是两者的相同之处在于两者都需要一个不断探究的过程。

项目（活动）设计以解决一个比较复杂的操作问题为主要目的，一般包括社会性活动的设计和科技类项目的设计两种类型。前者如一次环境保护活动的策划，后者如某一设备、设施的制作、建设或改造的设计等。项目设计所针对的往往是身边的一些现实问题，它所要解决的就是出现在师生生活中的实际问题，具有很强的现实意义。

不管是课题研究还是项目设计，可以是单一类型，也可以是多种类型的综合。单一性的研究性学习实施起来相对简单，而综合性较强的专题往往涉及多方面的研究内容，需要综合运用多种研究方法和手段，因而也更需要参加者之间的分工协作。

五、研究性学习的组织形式

研究性学习的组织形式主要有三种类型：小组合作研究、个人独立研究、全班集体研究。

小组合作研究是研究性学习中经常采用的组织形式。课题研究小组一般由 2～6 人组成课题组，小组内自己推选组长，聘请有一定专长的成人（如本校教师、校外人士等）为指导教师。研究过程中，课题组成员有分有合，各属所长，协作互补。

个人独立研究可以采用采取课题研究或者是"作业"形式，即先由教师向全班学生布置研究性学习任务，可以提出一个综合性的研究专题，也可以不确定范围，然后由每个学生自定具体题目，并各自相对独立地开展研究活动，用几个星期、几个月乃至更长时间完成专题的研究性学习作业。

采用全班集体研究的形式，全班同学需要围绕同一个研究主题，各自搜集资料、开展探究活动、取得结论或形成观点。再通过全班集体讨论，分享初步研究成果，进行思维碰撞，由此推动同学们在各自原有基础上深化研究。之后，进入第二轮研讨，或就此完成各自的论文。

采取小组合作研究和全班集体研究的形式，要以个人的独立思考和认真钻研为基础，要强调集体中每个人的积极参与，避免出现一部分人忙、其他人闲，少数人做、多数人看的现象。采取个人独立研究的形式，则要引导学生经常主动地与他人交流探讨，学会信息和资源共享。

六、研究性学习的程序和步骤

研究性学习一般包括以下几个基本程序和步骤：

1. 选题阶段

所谓选题，也就是提出研究的问题，就是帮助学生选择和确定研究的题目。要求学生联系自己的学习生活以及周边社会生活和生产实际，选择自己感兴趣的，并有一定价值的问题作为研究性学习的起点。

研究性学习的载体是"问题"，没有问题就无从研究。适用于中小学生的研究活动，通常都是围绕着"为什么"和"怎么样"两个方面展开的。前者如"为什么生西瓜在水里会沉下去，熟西瓜会浮上来？""为什么要禁止一次性塑料袋的使用？"后者如"怎样将沉到水下的铁浮到水面上来？""在野外不用罗盘怎样识别方向？"等，许多施于中小学生的"为什么"的问题，常可以转化为"怎么样"的问题，不但会深化学生研究的内容，还可能收获更高层次的教育效果。如前述西瓜问题的研究，可以导致学生习得选瓜的技能；对一次性塑料袋的研究，可以帮助学生形成环境保护的意识等。

　　然而，并不是任何问题都可以作为中小学生研究使用，也不是所有问题都是他们力所能及，能够研究的。从问题到选题还有一个依一定的条件或标准对可供研究的问题进行评价、比较和选择的过程。一般讲，对中小学生而言，主要应关注学生的兴趣以及问题本身的价值，特别是它的教育价值以及研究者本身的主客观条件，尤其是学生的认知水平和智能结构是否有条件进行相关问题的研究。只有对研究者来讲是适切性的选题，才有可能实现预期的目标。

2. 实施研究阶段

　　制定好研究计划，组建好研究性学习小组，明确组内分工与合作、组间公平竞争与合作，使学习在合作和竞争中进行。在这个阶段主要经过：科学假设——资料收集——研讨验证假设——得出结论。

　　在研究性学习活动中，学生的学习对象不再仅限于课本中成熟的科学结论或现成的资料，而是由鲜活的自然、社会现象构成的一个个研究专题，这需要学生在已经掌握的知识和技能的基础之上，独立地分析和解决真实的问题。学习对象的这种变化，从根本上决定了学习的过程是一个实践性很强的过程，是充满创新机会的过程。在这样的过程中，学生的能力也将受到更深层次的锻炼，学生的各方面的能力和素养得到提高。

3. 评价和交流阶段

　　评价中，强调科学研究应建立在资料掌握的基础之上，特别注重第一手资料的掌握，这是研究问题的最重要和最基本的起点，将定量分析与定性分析结合起来。

　　对研究的过程和结果作评价时，应着重从以下几个方面考虑：使用的有关证据是否能够支持现有解释，采用充分而必要的原则，检查使用的证据是否无懈可击，真实可靠，已然无可挑剔；从证据形成解释的过程是否合乎逻辑，是否严谨合理，已然不存在疏漏；解释的内容及其过程是否存在偏见或失误，是否已经实现了客观与公正。需知偏见比无知离真理更远，由此可能会产生重大失误；解释的表述是否严谨，行文是否准确、简

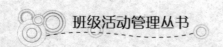

洁，条理是否清晰，并确保不会产生歧义。此外，还应注意，看相关的证据是否还能够推演出其他的解释，等等。

评价是研究者不断提高和积极进取的过程，研究者既要敢于坚持真理，又要勇于修正错误，要以平和的心态，听取来自各方面的意见和建议，集思广益，努力使提炼的结果不断完善。

科学研究的成果需要交流，交流是促进科学发展的重要条件。可重复性是检验科研成果真实性的重要依据。通过交流，经由同行验证，科学研究的成果才会得到确认。交流又是宣传，通过宣传科学知识才会得以更迅速的普及。学生研究性学习虽不要求像科学家那样接受严格的核查，但却提倡通过交流，实现分享。

研究性学习的交流，一般都要求研究者使用直观手段和简练的文字或语言，向同学们介绍自己的研究过程和研究成果；反思研究中存在的问题；明确今后努力的方向，因此有机会得到同学们质询和审查。

交流过程中，同学们可能会对研究的过程和结果提出这样或那样的意见，研究者也可以为捍卫自己的成果和同学们展开讨论或辩论。无论哪种情况，对研究者都是一次宝贵的锻炼机会，都有可能从同学们的发言中汲取营养，获得进一步完善成果的机会；对于全体参与交流的同学们，也会从中获得启迪和教益。总之，通过交流，彼此分享研究的成果和研究的快乐，不但会培养交流意识和交流能力，更会整体推动研究性学习向更高层次发展。

4. 总结反思阶段

总结与反思研究性学习活动中的成功不足，将成功的经验总结起来，为以后开展研究性学习提供借鉴，并针对研究性学习活动中的不足加以改革。

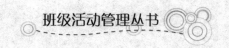

第四节　研究性学习在国外的开展与实施

他山之石，可以攻玉，我们不妨看看研究性学习在其他国家的开展和实施，20世纪90年代以来，世界各国教育改革的步伐不断加快，纷纷出台各种举措，其中都把改变学生的学习方式作为重要的切入口。

美国国家教育经济中心于1998年制订了英语语言艺术、数学、科学和应用学习四个领域，4年级、8年级和12年级三个层次的国家标准，除规定了所有中小学生在四个领域学习的内容和所要达到的结果要求外，还特别强调了以"探究"为特征的教学策略、方法。与此同时，"研究性学习"在美国的大、中、小学正成为一种积极、有效的教与学的策略与手段。其中尤以两种模式最为普遍，它们就是"以项目为中心的学习"和"以问题为中心的学习"。

以项目为中心的学习是课堂活动的一种模式。它改变了短促的、单一的、以教师为中心的传统课堂教学，取而代之的是强调长期的、跨学科的、以学生为中心的学习活动，并结合现实世界中的问题与实践。

"以项目为中心的学习"开始时一般都会在学生头脑中预先勾画出一个最终结果——作品或"人工制品"。这个"作品"需要一些专门的知识和技能，通常会包含一个或多个学生必须要解决的问题。由于各项目的范围和时间框架大不相同，因此最终结果的技术性和复杂性也会大不一样。"以项目为中心的学习"所用的是一个"生产模式"：首先，学生明确创造"作品"的目的及作品的受众。他们需要研究题目，设计作品，制订一个项目管理的计划；然后，学生开始项目研究，解决在研究过程中出现的问题，并最终完成他们的作品；最后，学生可以自己使用或展示他们的作

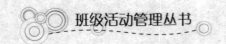

品，并对他们的工作进行反思和评价。整个过程都是真实的，学生运用自己的思想和方法亲手完成这个工作，是现实世界生产活动的一个反映。尽管最终的"作品"是整个过程的驱动力，但是在"以项目为中心的学习"中更重要的是学生获得的知识和技能。

"以问题为中心的学习"以学生解决或了解一个问题作为开始。这些问题经常被构想成故事情景的格式，同时，这些问题又是结构不明确的和模仿现实生活中的复杂情况。"以问题为中心的学习"具有不同的学习范围和复杂性，所采用的是"探究的模式"：首先，给学生提出一个问题，学生将以前有关这个主题的知识组织起来，再提出一些相关的问题，并确定获取更多信息的领域；然后，学生制订收集信息的计划，进行必要的研究，分享、总结学到的新知识；最后，学生展示他们的结论（他们也许获得一个最终结果，也许没有），进行充分的反思和自我评价。所有"以问题为中心的学习"都是以问题作为整个过程的驱动力，但在实施中注意力也许会集中在各种解决问题的方案上。有些"以问题为中心的学习"只要求学生清楚地定义问题、提出假设、收集信息，最后清楚地阐述解决问题的方法。还有一些则将问题设计融入学科学习的案例，这些问题最终也许没有答案但却能使学生参与学习和信息收集的活动。

在实践中，"以项目为中心的学习"和"以问题为中心的学习"之间也没有明显的界线，经常是结合起来使用，相辅相成。其实，它们从根本上讲是一致的。学生要研究一个具有多种解决方法或答案的"开放性"项目或问题，通常是在一段时间内以小组形式合作学习、工作，强调以学生为中心，教师在其中扮演促进者和指导者的角色，鼓励学生寻找多种信息源。两种方法都强调根据学生的真实表现（过程和结果）来进行评价。因此，"以项目为中心的学习"和"以问题为中心的学习"具有相同的理念、方向，都是一种积极的教学策略、方法。目的是让学生通过参与真实世界相关的学习任务来提高他们的学习和培养自主学习的兴趣与能力，包括学会与人合作、自主决策、收集信息、解决问题等技能，从而促进学生个性的健全发展。而两种不同的实施模式也恰恰体现了遵循学生个人学习方式的"研究性学习方式"。

法国的基础教育和中国极为相似：重哲学、重历史、重基础文化，内容庞杂，学生负担较重。从 20 世纪 90 年代开始，新技术的发展和知识经济的崛起，对原有的教学内容、育人方式提出了挑战，法国基础教育开始进入一个深刻的转型阶段。1990 年由总理若斯潘领导的教育改革主要在制度层面，1994 年开始转向重视中小学学校教育质量和课程改革。所有的改革措施中，最突出的是两条：其一旨在让每个学生都成功，加强"个别化教学"；其二意在培养学生创新精神和动手实践能力，增设类似我们所说的"研究性学习"课程。

法国的"研究性学习"课程首先于 1995 ~ 1996 学年在初中二年级开始实验，称为"多样化途径"。该实验由学校领导自主决定是否参加，校内也由教师自愿报名参加，并不强迫一律实施。至 1997 ~ 1998 学年，全国各学区都有一部分初中开设了"多样化途径"课程，其中巴黎学区 9 所初中学校中有 33 所参与实验。法国教育当局认为，学科教学的分隔，是影响学生获得一般概念、建立学科之间及与周围环境联系的障碍。学生根据兴趣组成小组自主学习，这是帮助他们更好地掌握学过知识的有效的教学方式。"多样化途径"的目的就是要加强学科知识内容的综合和引导学生在实践中运用，真正掌握已经学到的知识。它是一种实践性的教育活动，是唯一涉及该年级教学大纲各学科内容的课程；它既不是优秀学生的专利，也不是为了帮助困难学生，而是必须面向全体学生；它可以在课外活动时间进行，但是它和课外活动不同，不是课外活动的派生物。

考虑到初中生知识能力等实际情况，"多样化途径"特别强调教师的指导作用和活动内容的丰富多彩。活动一开始，首先由各学科教师 2 ~ 3 人自由组合成教师指导小组，提出一个涉及指导教师所属学科知识内容的课题，然后指导教师根据课程目标按每周 2 学时的时间设计一整套活动方案，以此作为指导学生的依据。学生根据自己的兴趣，选择指导教师提供的不同课题方案，可跨班级也可在本班级内组成课题组，在教师的带领下开展活动。

法国教育部通过颁发文件，对"研究性学习"的性质、课程的定义和目标、课程定位、实施步骤和要求、如何管理及评价、教师在课程中的地

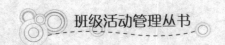
位和作用等涉及课程实施的各种要素都作了明确的规定，为研究性学习的实施提供了有力的支持和保证。法国还将教师视为实施研究性学习的关键，认为研究性学习的实施必须要转变教师的教育观念、教学方式，并让教师学会在参与学生课题研究的过程中指导学生，开辟教师论坛，提供条件以便教师共同研究最好的答案，与专家，尤其是大学教师一起讨论学生正在研究的课题。研究性学习在法国已经从初中、高中到大学预备班统一开设，形成相互衔接的课程系列。

第五节　研究性学习实施案例

【案例】

饮食与健康——蔬菜的营养

一、活动背景

现如今，有许多学生偏食不爱吃蔬菜，特别是有些偏食的学生出现了偏胖或偏瘦的现象，还有的学生体质下降，经常生病，影响学习和生活。为了让学生知道蔬菜中的营养在人体成长中的作用，本活动组织学生研究蔬菜的营养。在研究过程中，让学生获得亲身体验，自我感悟，明白不吃蔬菜的害处，从而促使学生改变偏食和不爱吃蔬菜的坏习惯，使学生能够健康、快乐地成长。

二、活动准备

新鲜的蔬菜，各种有关蔬菜营养成分的资料，多媒体课件，道具如"蔬菜宝宝"勋章等。

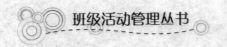

三、活动目标

1. 使学生了解蔬菜中所含的营养成分，知道蔬菜的营养对儿童成长所起的作用，养成科学的饮食习惯；

2. 培养善于发现问题和解决问题的能力；

3. 培养收集和整理信息的能力。

四、活动过程

1. 创设情境，积累材料

师：今天老师给同学们带来了一些好吃的，快来品尝品尝吧！

生：品尝新鲜蔬菜。

师：好！说说你都吃了什么呀？

生：争先恐后说出品尝的蔬菜。（胡萝卜、西红柿、黄瓜等）

师：它们有一个共同的名字，你们知道吗？

生：蔬菜。

师：这节课我们就共同来研究有关蔬菜的知识。

（板贴：蔬菜）

师：课前，请同学们查找有关蔬菜的资料，谁来说说收集到了哪些蔬菜的资料？

生：（简单汇报收集到的资料。）

师：同学们都是采用哪些方法查到这些资料的？

班级活动与班集体教育

生：（汇报收集资料的途径。）

2. 生活体验，自主归类

师：同学们，你们最喜欢吃的蔬菜带来了吗？举起来，让大家看看。

生：纷纷举起自己最喜欢吃的蔬菜。

师：按叶菜类、根茎类、瓜茄类和鲜豆类将学生分成四组，鼓励学生按其食用部分的不同，给本组的蔬菜起名（让学生根据自己的生活体验给蔬菜归类）。

生：（发展创新思维，给本组蔬菜起个有创意的名字。）

师：大家起的名字可真好听，比老师在资料中查到的可好听多了，我查到的名字你们想听听吗？

生：想。

师：下面我就带大家到蔬菜王国去看看！（课件出示）

师：出示蔬菜向大家族名称（叶菜家族、根茎家族、瓜茄家族、鲜豆家族）

生：（对号入座，知道自己本组的蔬菜都是哪个家族中的成员。）

师：我们知道了蔬菜的分类，可蔬菜都有哪些营养，对我们人类有何帮助？这是我们这节课要重点研究的内容。（板贴：蔬菜的营养）

师：下面，请同学们以四大家族为学习小组，把查到的有关蔬菜营养的资料拿出来，大家一起交流交流，研究研究，看看你们这个家族中的蔬菜都有哪些营养？好，开始活动吧。

提示：

a. 选出本组主要介绍的几种蔬菜。

b. 选代表进行介绍，小组内可以补充。

c. 汇报形式多样，可以以"蔬菜宝宝"的身份进行自我介绍。

d. 小组长认真负责，组织好本组活动。

这一阶段，通过以小组合作学习的方式，让学生整理收集到的资料，共同研究不同类别中各种蔬菜的营养，学生通过小组交流信息，共同研究

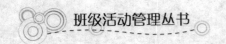

学习，不仅可以分享其他同学获得的成果，而且可以丰富和扩展自身的认识，进一步培养学生的分析信息、处理信息和合作交流的能力。

3．交流补充，展示成果

师：准备好了吗？让我们以家族为单位，来展示"蔬菜宝宝"的风采吧！

生：（汇报各类蔬菜的成分及对人体的作用。）

（注意：教师要以激励性评价及时评定学生在汇报交流中的表现，激发学生学习的积极性）

4．归纳总结，推广运用

师：同学们可真了不起，知道这么多蔬菜的营养，看"蔬菜国王"都夸大家啦！

（课件出示"蔬菜国王"）

师："蔬菜国王"希望我们能和自己喜欢的"蔬菜宝宝"交朋友，你都想和哪个宝宝交朋友啊？

生：（谈自己最想交的"蔬菜宝宝"。）

师：如果我们只和一个"蔬菜宝宝"交朋友，天天只吃这一种蔬菜，行吗？

生：不行，那样就会得病的。

师：对，看看蔬菜诊所就来了这样几位小病号。

（出示课件：贫血、口腔溃疡、个子矮小、夜盲症）

师：请同学们来当一回小医生，诊断一下他们为什么会得这种病，然后再给他们开个蔬菜小药方，让这几个小病号快点好起来，好吗？

生：（分组切磋，开出药方。）

师：相信在大家的帮助下，这些小病人一定会有所好转的。

师：同学们可真棒，都能用蔬菜给大家治病了。

班级活动与班集体教育

5. 活动延伸

　　师：这节课我们共同给蔬菜分了类，一起了解了多种蔬菜的营养，还当了一回小医生，收获可真不小，别忘了把自己的收获记下来呀！

五、老师评价

　　兴趣是最好的老师，在整个综合实践活动课的研究过程中，我感受最深的就是同学们对这门新课程产生的浓厚兴趣，他们主动研究的欲望，研究的决心，深深地触动了我，看来激发调动学生的学习兴趣是帮助学生学习每一门课的关键。《蔬菜的营养》一课，就是针对小学生的年龄特点，选取学生生活中最为常见的蔬菜作为研究课题，通过"创设情境、积累材料——生活体验、自主归类——分析整理、共同研讨——交流补充、展示成果——归纳总结、推广运用"等活动环节，让学生在自身的尝试与体验中了解蔬菜所含的营养成分，知道蔬菜对我们儿童成长所起的作用，从而养成科学健康的饮食习惯。

　　在本课的研究过程中，我鼓励学生从书籍、网络和生活中获取知识，拓宽了他们获取信息的渠道；注重培养他们合作学习的能力，增强了合作意识；同时，还要求他们注意积累材料，并将各自收集的资料在小组或全班范围内进行汇报、交流，真正达到"信息互补、资源共享"。可以说，综合实践活动课的开设，使学生们学会了共处，学会了分享，学会了合作，同时也提高了他们分析问题、解决问题的能力，在对社会生活中的问题进行思考、探索、尝试、参与和解决的自主性活动中获得了积极的、生动的、活泼的发展。

　　当然，活动过程中，教师的指导作用是不容忽视的。在综合实践研究过程中，我逐步摸索，积极请教，大胆尝试，与学生们共同研究、共同学习，并及时给予帮助和点拨。可以说，在与同学们共同进步的同时也给了我极大的启发和鼓舞，增强了我继续搞好这门课的决心。这次研究活动，给我留下了大量宝贵的资料，吸取了许多经验，我将继续努力，争取在综合实践活动这块实验田中，收获累累的硕果。

第二章　班级活动中的研究性学习教育

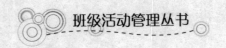

【案例】

<h2 style="text-align:center">关爱残疾人</h2>

一、活动目标

1. 通过活动，使学生关注、尊重自己周围或社会上的弱势群体，培养他们的同情心和仁爱之心。

2. 在设计、交流、研讨的实践过程中，培养学生的创新意识和合作意识，增长学生的才干。

3. 通过活动，培养学生参与社会活动的能力。

本课适宜小学高年级和初中低年级学生，可安排活动时间 80 ~ 100 分钟。

二、活动过程

1. 谈话导入

师：同学们，在日常生活中，你们有没有注意到这样一个群体（课件出示：盲人、聋人、肢残人……），他们有的看不到绚丽多彩的世界，有的听不到美妙动听的音乐，有的不能用言语来表达自己的内心世界，有的感受不到行动方便所带来的愉悦，你们知道他们是一些什么样的人吗？你们身边有没有残疾人呢？他们的生活方便吗？

（学生结合自己对社会生活的观察作以简单介绍。）

师：残疾人是社会生活中的弱势群体，他们特别需要我们的关爱与帮助。今天，我们将围绕"关爱残疾人"展开一系列活动。（课件中各种残疾人图片的出现，打动了学生的心弦，激起了学生关爱残疾人的意识；从现实生活和身边小事中寻找和提出有价值的问题，使得这一活动更人性化。）

2. 体验活动

请两位同学到前台做"画鼻子"的游戏，一位是正常人，一位扮演"盲人"。台下学生认真观察参加者的一举一动。

活动过程：

（1）出示小丑头像，请参加者看清小丑头像的各部分位置；

（2）在学生行进过程中设置障碍物，要求记准障碍物位置；

（3）请参加者绕过障碍物走到黑板前，为小丑添画鼻子并听教师指令指出小丑头像各部分位置，教师可以给"盲人"必要的提示。

谈体会：请参加者谈活动的体会，台下的同学谈观察体会。

师：一个小小的游戏使我们体会到了盲人与正常人生活的不同，接下来，让我们通过几个模拟活动来切实体验一下残疾人生活的艰辛。

（教师根据学生的年龄特点和性格特点，精心设计这一大家所熟悉的环节，最大限度地激活学生的思维状态，解放他们的眼、口、手、脑。）

3. 模拟体验

活动要求：

（1）单手穿脱衣：一只胳膊背在身后，单手将衣服、红领巾脱掉再穿上；

（2）蒙眼夹球：蒙上眼睛，将盆中的玻璃球夹入自己的杯中，计算一

第三章　班级活动中的研究性学习教育

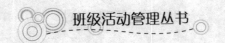

分钟的夹球数量；

（3）添画鼻子：为小丑添画鼻子，并按指令指出各部分位置；

（4）我做你猜：不能出声，只能用肢体语言，比如手势、表情来表示一件事或成语。

活动提示：

（1）以小组为单位选择 1 ~ 2 项活动，大家轮流体验、互相监督（亦可根据学生的兴趣爱好来选择）；

（2）每项活动让学生体验两次（正常者与残疾者），从时间等方面加以比较，认真记录活动的有关数据；

（3）注意安全。

学生体验，教师巡回指导。

学生深入谈活动的体会。

"听过的容易忘记，看过的印象不深，亲身体验过的才刻骨铭心，难以忘怀。"这几个模拟活动，学生亲历亲为，积极主动地参与，充分感受到了残疾人生活的不便，体现了活动的实践性特点，也为活动的深入开展提供了基础。

4．新活动

欣赏 Flash 动画《盲人 IQ 眼镜》，引导学生的创新思维和创新活动；学生以个人或小组的形式设计助残物品，为残疾人献爱心；（背景音乐：《爱的奉献》）学生展示、交流作品设计，并进行质疑。

5．学生作品赏析

生：我设计的是一辆多功能轮椅车，专供下肢残疾的人使用。这辆车上有 6 个按钮，它们有不同的功能：" + "代表快速行驶，如果使用者有急事，可按此键；" — "代表慢速行驶，如果使用者出外旅游观光，可按此键；天气突变，使用者按下红色按钮，轮椅上会自动撑出一把伞，为他们遮风挡雨；行驶过程中，如果轮胎遭遇不便，按下蓝色按钮，可以使轮胎自动修复；行驶过程中，按下黄色按钮，可自动播放音乐，为使用者解闷；天黑了，按下黑色按钮，可打开探照灯，为使用者夜间行路提供方便。此外，这辆多功能轮椅车还配有安全带、小餐桌等设施，将为下肢瘫痪的残疾人出行带来很大方便。

生：我为聋哑人设计了一种胸针，这种胸针小巧精致，佩带在他们的胸前，可将他们做的各种手语动作自动拍摄下来并转换成各国语言，方便他们的生活。

生：我为聋哑人设计了一种手套，将它带在手上后，可以把哑语手势转换成声音，使我们正常人听懂他们的话。此外，这种手套的另一大优点是带上去冬暖夏凉，不受季节的限制。

……

学生们兴致勃勃地介绍着自己的作品，在活动交流中互相学习、发现、反思、改进……智慧的火花在不停地闪现，课堂气氛进入了前所未有的高潮阶段。

6. 总结延伸

师：同学们，通过这一件件物品的设计，老师不仅看到了你们的聪明才智，也感受到了你们一颗颗火热的童心。希望课下，你们走进残疾人的生活中去，听一听他们的心声，拜访一些专家，获取一些资料，真正设计出新颖实用的助残物品，使残疾人和我们一样拥有美好幸福的生活！

三、教师评析

《关爱残疾人》一课，是根据《综合实践活动课程指导纲要》的要求，结合全国人民助残意识不断增强以及本地区的实际情况自行设计的。活动中，我注意引导学生从自己的世界出发，用眼睛观察社会，用心灵感受社会，不断加深他们对自我、对他人、对社会的认识和理解，发展对社会的关爱、对自我的责任感。通过活动，增进学生与社会的密切联系，不断提升学生的精神境界、道德意识，使学生的人格不断臻于完善。

为达到让学生在参与和融入社会中不断成熟，在认识自我中不断完善的目的，我安排了以下几个环节：首先，以谈话的方式导入本课，接着又以画鼻子的游戏调动学生参与活动的积极性。而后，为了帮助学生通过真实的感受产生关爱残疾人的内心体验，我设计了第三个教学环节——模拟体验活动。

为了便于学生实施，同时也为了保证活动的真实性、安全性，我选择了"单手穿脱衣"、"蒙眼夹球"、"添画鼻子"、"我做你猜"4个活动让学生体验。通过这些活动，让学生感受到残疾人生活的诸多不便以及他们较之正常人的额外付出，让学生从小就接受人文教育，学会善待残疾人和弱者，形成对他人尊重和宽容的态度。

最后一个教学环节——设计助残物品，不仅是一次爱心活动的体现，也为培养学生的创新意识和创新能力搭建了一个宽松的舞台。学生以个人或小组的形式进行产品构思、设计，既培养了他们的交往能力，也培养了他们合作的精神。成果交流会上，学生们不但介绍了自己作品的特点，还就问题的发现、设计思路等进行了交流。争议、讨论、共识、分歧……在整个交流会上不时出现。学生的设计不一定都具有科学性，但他们在活动中所表现出的热情、创新意识和创新能力却是我们成年人远远所不及的，活动结束时，许多学生还意犹未尽。

通过这节课的教学，我充分地感受到学生们参与活动的积极性，看到了他们智慧火花的闪现。但是教学中也存在着不足之处，比如：在模拟体验活动中，一些学生没有真正把自己融入到残疾人的角色之中，快乐有余，严肃不够。此外，在设计助残物品时，我发现个别学生的创新意识和创新能力不够强。我想：这些都有待于我们教师在今后的教学中，组织学生更加深刻地体验生活、感受生活，不断提高他们的观察能力、思维能力、创造能力和实践能力。

四、专家点评

　　一堂综合实践活动课核心的概念即贴近实际，帮助学生从现实生活中选取感兴趣的主题和内容，而不是凭空在想象，更不是对课本内容的演绎。

　　在现实生活中，确实存在着一些残疾人，他们是社会生活中的弱势群体。在一个文明的社会里，残疾人应该得到尊重，应该受到关爱，而对残疾人的尊重与关爱应该从儿童时期就灌输这种思想，使学生有这样一种认识、这样一种思想、这样一种情感。现实生活中，我们很难有机会将残疾人请到课堂中，教师从现实生活中把这一主题找来，围绕活动的开展，立足于每个学生的发展，教师精心设计了个模拟活动，利用模拟的形式来使学生参与这样一种人与社会、人与他人之间的活动，从中得到一种深刻的感受。

　　综合实践活动是一种主体的实践，所谓主体的实践就是看学生是否亲自实践，是否参与了活动，整个课堂是被老师统治着，还是让学生主体在利用着。整体上看，本次活动为学生构建了一个充分活动的空间，大部分时间是学生的，大部分时间学生在展现自己，大部分时间学生通过实践进行感受，通过参与进行交流，学生的主体地位在这里体现得很充分。这种特设的情境既增加了学生关爱残疾人的内心体验，又使其成为创新活动的一种原动力，激发了学生探索科学的兴趣。

　　本次活动的后半部分，教师有意识地培养学生的创新意识和创新能力，通过学生的想象思维，设计助残物品，从而使学生的智慧与才干得到了很好的体现。尽管有些学生设计的产品离现实还很遥远，有些结论不够严谨，很粗糙，但通过想象打通了思路，加深了学生对现代科技知识的认识，促进了他们思维的发展。

第三章　班级活动中的研究性学习教育

第四章　班级活动中的劳动与技术教育

　　劳动与技术教育是以学生获得积极劳动体验，形成良好技术素养为主的多方面发展为目标，且以操作性学习为特征的学习领域，它能反映出综合实践课的特点如：给予学生的直接经验，密切联系学生的自身生活与社会生活。它强调学生通过人与物的作用、人与人的互动来从事操作式学习，既强调动手，也强调动脑，学生通过劳动与技术教育，可以了解必要的技术和社会分工情况，可以使自己形成一定的技术意识和社会实践能力。它的开设，对于促进学生的全面发展，推进素质教育，有重要的意义。

第一节　劳动与技术教育的特点

　　长期以来，教育存在脑手分离的现象，导致大量高分低能的学生出现。归结其原因，是对劳动教育的忽视和短视造成的。这就要求全社会，尤其是教育者能为学生创造出一个能让他们参与实践活动，可以亲身体验劳动的环境。人们可以在劳动中汲取经验，从劳动中掌握技能，获得真知。

　　班级活动课程基于学生的直接经验，密切联系学生的现实生活，使他们获得丰富的经验和现实的体验，并要形成一定的实践能力和创新意识，以及养成合作、分享、进取等良好个性品质，促进学生完善人格的形成。整个课程蕴含着素质教育的理念，体现了鲜明的时代特征。劳动与技术教育在班级活动课程中占据重要的地位，它最直接地培养和发展学生解决现实问题的能力和探索精神，同时注重带给学生多样化的实践性学习方式。

　　新课改将劳动与技术教育作为综合实践活动这样一门活动类必修课程的指定学习领域，即是宣布"劳动与技术教育"不属于学科课程，作为综合实践活动课程的一个重要组成部分，具有实践学习的基本属性；将"劳动"和"技术"之间加上一个"与"字，以"劳动与技术"整体上呈现课程的内容，即表明课程并非以往"劳动"或"劳动技术"的内容，而是强调了技术的独立性，凸现了课程技术教育的内涵及其重要意义；劳动与技术，两者既有联系又有区别，将二者作为一个整体纳入综合实践活动课程的必修内容，则进一步表明，课程实施更强调二者整合渗透的综合性特点。循着这样的思路进行思考便不难发现，综合实践活动中的劳动与技术教育，具有以下几个十分鲜明的课程特点：

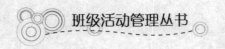

一、关注学习方式的选择，体现实践性学习的基本特点

将劳动与技术教育纳入综合实践活动课程作为一个学习领域，最清楚不过地表明了新课程对这一学习内容的学习方式的关注，明确宣示，在基础教育阶段对中小学的劳动与技术教育应采用实践性学习的方式。

实践性学习也称发现式学习或过程性学习，它要求学习者主要通过模仿、操作、探究和发现的实践过程获取知识、发展能力、提高解决问题的实际本领。而不是像学科教育那样，主要依赖继承性学习的方式，靠书本和教师的讲授获取现成的结论性知识。如果说在以往劳动技术单独设课的条件下，由于各种各样的原因，还可能出现"课堂里讲机床，黑板上种庄稼"这种脱离实际的怪现象的话，将劳动与技术教育纳入综合实践活动课程的学习领域，其教学活动或教学过程，无疑都应遵循课程实施的整体要求，使对劳动与技术教育置于实践性学习这一整体框架之下进行。

实践性学习有多种呈现形式，即使在综合实践活动课程中，内容不同的学习领域，其具体的学习方式和方法也会有所差异。如：研究性学习，因其主要涉及对自然或人文现象的科学探索，多采用探究或研究的方法；社区服务和社会实践活动，由活动内容和性质决定，大量采用感悟式的学习方法；在劳动与技术教育的实施和开发时，通常多会采用操作性学习方式进行。可以讲，操作性学习是实施和开发劳动与技术教育的特点，也是它的优点。

所谓操作性学习，是指人徒手或运用工具，对特定的实物对象进行操持和运作的一类学习方式，它们是对学生实施劳动与技术教育最基本的手段或方法。学生在徒手或使用工具对客观事物的操作过程中，实现了对实物材料的认识，学会了掌握和运用劳动工具的技能，了解了操作的工艺程序和具体要求，同时也便逐步通晓了对劳动成果进行评价的标准、程序和一般方法。总之，是通过操作实践的过程，学生逐渐获得了劳动的技能，取得了劳动的经验。与此同时，通过上述操作学习的过程，学生们还会体

班级活动与班集体教育

验到劳动中酸甜苦辣各种感受，较好地形成对劳动和技术所覆盖的情感、态度、价值观的感受与理解。从学习内容的实际出发，上述学习特点为潜移默化地实现课程的教育目标创造了重要的条件。

二、关注技术教育的重要性，体现劳动与技术并重的课程设计

以往我国基础教育阶段设置的劳动或劳动技术（劳技）课，很容易被人们理解为"生产劳动"或"劳动的技术"，课程实施也多是以组织学生参加各种门类的体力劳动。作为课程的教育功能，或者片面地强调劳动的德育价值，重视的是所谓劳动对人的改造作用；或者只是单纯强调帮助学生掌握一些普通的劳动技能和手段，普遍忽视劳动与技术教育内在的方方面面的教育价值，特别是忽视了课程中技术教育的价值和功能，使课程丧失了时代特色和应有的生命力。

自 20 世纪 80 年代始，实施技术教育逐渐成为世界基础教育发展的一股强劲的潮流，1984 年召开的联合国教科文组织第 39 届大会，主题就是"从适当的科学与技术入门教育看普及和革新初等教育"，大会提供的建议书中还进一步提出"进行适当的科学与技术入门教育是革新初等教育中至关重要的内容之一"，"如果要成功地实现我们社会所必需的技术变革，教育投入应被看作是一项优先之事"。

上个世纪末，由美国科学促进协会联合美国科学院、联邦教育部等 12 个机构联合启动的致力于中小学课程改革的跨世纪计划，也即代表着未来美国基础教育课程和教学改革趋势的"2061 计划"更明确指出："技术是发展人类文明的强大动力，了解其无所不在的技术与他们将来生活和劳动世界的联系。"并且进一步要求，"普通教育应当以神圣的方式，把技术介绍成我们的历史、我们每个人的存在和我们未来的一个组成部分，既要让人们有机会去体验技术，同时又要抽象地学习它。"为了实现这一要求，计划甚至提出了将技术教育的内容延伸到幼儿园阶段的办法。上述实例都

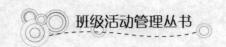

说明，技术教育和科学教育同样重要，将其延伸到小学阶段已然是基础教育发展的大势所趋。

在科学技术高速发展，知识经济初露端倪的大背景下启动的我国新课程改革，必须适应社会的现实和未来发展的需要。作为中小学和社会联系最直接的纽带和与社会共脉搏最敏感的部位，劳动与技术教育必须对加强技术教育这一基础教育的世界性潮流作出积极的回应。新课程提出了"劳动与技术教育"的概念，划清了劳动与技术教育的内涵，实现了由以往的劳动为基点向劳动与技术并重的课程设计的转变。尽管本次课程改革中有关技术教育的内容在中小学阶段还没有设置独立的课程，只是将"劳动与技术"整合起来作为一个学习的领域，整体纳入了综合实践活动课程予以实施，考虑到我国以往中小学课程从未列入过技术教育内容这一现实，现有的举措在我国基础教育的历史上也已然具有了首创的意义。

三、关注各领域的整合，体现劳动与技术教育目标和实施途径的多元化

劳动与技术教育作为一个学习领域或内容要素，置于小学综合实践活动课程中加以实施，自然要从课程本身的综合性以及课程中各领域的整合的特点和要求出发，体现课程教育目标和实施途径的多样化特点。

小学综合实践活动课程劳动与技术教育目标的多元化，主要是指新课程设置超越了以往课程要求形成劳动观念，掌握一些劳动技能和方法的局限，打破了以往课程设计中普遍遵循的"小金工、小木工、小种植、小养殖"等劳动技术的学科体系，这种新的课程设置，为实现更为广泛的教育目标开辟了新途径。正如顾建军教授所指出的那样"综合实践活动中的劳动技术教育应立足于时代的发展，强调劳动教育中学生丰富的情感体验，强调学生劳动观念、劳动态度、劳动习惯的养成；关注学生发展为核心的以劳树德、以劳增智、以劳健体、以劳益美、以劳促创新的多方面的功能实现和劳动教育的多途径实施"。

班级活动与班集体教育

劳动与技术教育实施的多元化即是指课程的多途径实施，既然将劳动与技术教育置于综合实践活动课程整体框架之内，自然相关的教育就要在课程的整体框架之内多种途径予以实施。实际上，正是综合实践活动课程本身独具的综合性特点，为劳动与技术教育的多途径实施创造了良好的条件。

首先，劳动与技术教育作为综合实践活动课程的有机组成部分，其内容具有相对的独立性，在实现学生全面素质教育方面又有其独特的优势，在课程的整体框架下，依照课程指导纲要，针对全体学生的需要，施以课程规定的劳动与技术教育，如劳动、家政、技术以及职业准备等，无疑应该成为综合实践活动中实施劳动与技术教育的主要内容；其次，多途径实施还要关注将劳动与技术教育和其他指定领域的教育紧密结合，互相渗透，在开发和实施相关活动的时候，注意挖掘其中可能包含的劳动与技术教育内涵。

综合实践活动内在的课程特点，具有综合实施劳动与技术教育的优势。劳动与技术二者的联系或整合自不待言，因为任何技术的学习大都包含着劳动的内容，任何劳动的过程也都有技术的含量。在实施劳动与技术教育时，将劳动过程和技术学习相结合，努力提高各种劳动活动中技术的"含金量"，目前已经引起广大教师的广泛关注。

此外，综合实践活动其他各领域内容的开发和实施，无论是研究性学习还是信息技术教育，抑或是社区服务和社会实践的内容，每一项都可能包含有丰富的劳动与技术教育的因素，只要联系实际，充分挖掘，都可以有效地发挥它们对学生实施劳动与技术教育的价值和功能。

第四章　班级活动中的劳动与技术教育

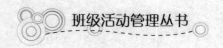
第二节 劳动与技术教育的目标

劳动与技术教育作为综合实践活动课程中指定领域的重要内容，其教育目标自然要符合课程的总目标。然而，作为课程中一个相对独立的组成部分，又不能仅仅满足于笼统地将课程总目标作为自己的追求，还必须恰当地确定其可能和必须承担的具体的教育任务，唯有如此，才能有针对性地选择教育内容，规范教育行为，有效指导课程实施。

《基础教育课程改革纲要（试行）》对中小学综合实践活动中劳动与技术教育规定了"了解必要的通用技术和职业分工，形成初步技术能力"的要求，对此，专家们具体地解读为"劳动与技术教育以学生获得积极劳动体验，形成良好技术素养为主的多方面发展目标"。在随后实施的高中"通用技术"课程则明确地将"提高学生技术素养，促进学生全面而富有个性的发展"作为课程的基本目标。考虑到"通用技术"是将综合实践活动课程中劳动与技术教育这一指定领域的内容分离出来，在高中阶段单独设置的一门技术教育课，为实现基础教育各学段同一类型课程相应教育目标的无缝对接和持续发展，中小学综合实践活动中劳动与技术教育的目标，亦应在实现受教育者的技术素养以及促进其实现全面发展两个方面，恰当地确定自己的位置。

一、近期目标：为形成受教育者的技术素养奠基

高中《通用技术》课程，在其确定的基本目标的基础上，还提出了课

班级活动与班集体教育

程的总目标，即："通过本课程的学习，学生将进一步拓展技术学习的视野，学会或掌握一些通用技术的基本知识，掌握技术及其设计的一般思想和方法；具有一定的技术探究、应用技术原理解决实际问题以及终身进行技术学习的能力；形成和保持对技术的兴趣和愿望，具有正确的技术的学习习惯，发展初步的技术能力和一定的职业规划能力，为迎接未来社会挑战、提高生活质量、实现终身发展奠定基础。"上述各项适用高中《通用技术》课程的要求，虽然对指导中小学的综合实践活动课程中劳动与技术教育都有某种指导或参考的价值，但它们毕竟是适用高中阶段的教育目标，并不完全适合中小学劳动与技术教育的具体情况。一般讲来，在中小学综合实践活动课程中的劳动技术教育更着重为受教育者技术素养的形成奠定坚实的基础。为此，在目标的追求上应注意如下几个方面的问题：

1. 注重劳动技能的训练和劳动态度的养成

对中小学生的劳动与技术教育，要从儿童自身的心理与生理特点和综合实践活动课程的特点出发，不能不切实际地提出过高的要求，施于中小学生的劳动与技术教育，尽管也强调"技术"内容，但这种技术绝不是任何职业技术或专业技术，它只是也只能是施于基础教育阶段普通学校学生的技术教育，是与劳动过程紧密结合的技术教育。

劳动，就是要动手，要操作，要在做中学，施于学生的劳动或技术大多数都属于基础性和通用性的内容。实际上，也只有这种基础性和通用性的内容在儿童发展的过程中才更加具有教育的价值。要将技术教育作为人人都必须接受和经历的历程，以形成未来社会成员都必须具备的基本素养，就必须从学会劳动开始。因此，课程实施要十分强调基本劳动工具的使用和掌握，以及基本劳动技能的训练和劳动方法的学习，要十分强调在从事各种力所能及的不同类型和内容的劳动过程中，培养或诱发学生萌生积极的劳动态度和劳动思想，并培养他们具有良好的劳动习惯。

2. 将对学生的劳动与技术教育定格在素质教育的水平上

传统技术教育重点都是使受教育者掌握某种劳动技能和操作技巧，新

第四章 班级活动中的劳动与技术教育

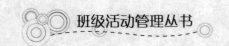

课改将通用技术目标定位于培养技术素养，以使受教育者将来面对纷繁复杂的未来世界时，能够具备技术创新的能力。施于中小学生的劳动与技术教育无疑应该成为实现这种技术素养的奠基工程。

为技术素养奠基，就要把对学生实施的劳动与技术教育定格在素质教育的水平上，也就是说无需将重点放在他们日后只要经过一定训练就能够比较容易地了解和掌握的那些具体技能和技术上，而应把重点放在那些需要从小培养，而且会不断发展并且终生都会起作用的最基本的要求上。为此，施于小学生的劳动与技术教育，要十分注意激发、保持和发展儿童对劳动与技术问题的兴趣；关注启迪和发展学生的问题意识和质疑能力水平的提高；培养学生能够主动地从现实生活中发现具有实际意义的技术问题的能力；了解并认同对同一问题的解决可能存在不同的方法和思路；确立发展无止境，没有最好，只有更好的技术观念；初步了解技术是实现自然的人工化手段，任何技术的实现都必须符合自然规律；了解技术具有社会属性，技术既是对一定社会面临的实际问题给予的一个有效回答，同时也将为该社会的繁荣开辟新的道路，同时任何技术的实现、发展和使用都会受社会条件的制约；初步了解目的是任何技术活动的起点和归宿，检验技术的优劣，主要看其在社会生活和生产过程中的表现；初步认识技术活动的核心问题是创造和发明，从小注意学习创造发明的技法和思维方法，培养创造的欲望和意识。

总之，需要将对青少年技术素养的形成这个大目标放在素质教育的视野下进行分解，将对学生的劳动与技术教育的目标，变为儿童可以接受并愿意接受的过程。

二、长远目标：为培养全面发展的人创造条件

在人类各个不同的历史时期，教育的内容和目标都不尽相同，只是随着资本主义生产方式的出现，有关劳动教育的问题才被提到日程上来，随之也便出现了培养全面发展的人的教育理想。其间，从资本主义初期空想

社会主义者提出劳动教育，到马克思主义创始人提出教育与生产劳动相结合的教育原理，经历了一个漫长的历史过程。

新中国成立后，在不同历史时期，对教育方针的表述虽然也曾有所变化，然而"教育与生产劳动相结合"的要求却始终无从动摇。在社会经济和科学技术迅速发展，要求教育质量和教育效率不断提高的今天，实施新的课程改革，在综合实践课程中对受教育者施以劳动与技术教育时，也应当从贯彻党的教育方针的高度，从以人为本，实现受教育者全面发展的要求出发，认真研究和落实课程的教育目标。

1. 学习和领会马克思主义教育与劳动相结合的教育原理

劳动是人类特有的活动和人区别于动物的最本质的特征，也是人类及其赖以生存的社会得以持续发展的重要条件。恩格斯在《劳动在从猿到人转变过程中的作用》的文章中，详细地论述了劳动在这一过程中重大而具体的作用，并作出了"劳动创造了人"的著名论断。

马克思认为："从工厂制度中萌发出未来教育的萌芽，未来教育对所有已满一定年龄的儿童来说，就是生产劳动同智育和体育相结合，这不仅是提高社会的方法，而且是造就全面发展的人的唯一方法。"马克思还进一步提出了综合技术教育的思想，主张学习生产的基本原理和使用生产工具的技术。恩格斯在《反杜林说》一书中，在全面复述了马克思关于教育与生产劳动相结合思想的同时还进一步提出，在未来社会中，"生产劳动给每一个人提供全面发展和表现自己全部的即体力和脑力的能力的机会。这样，生产劳动就不再是奴役人的手段，而成为解放人的手段，因此，生产劳动就从一种负担变成一种快乐"。

综上所述，不难发现，马克思主义造就的不是"抽象的人"，而是现实的人；不是从一般社会，而是从一定历史条件下的社会考察人的教育和发展问题的。他们既肯定了生产力在人的发展中所具有的重要作用，发现正是大工业的本性需要尽可能多方面地发展工人，是生产力发展的客观要求需要将教育与生产劳动结合起来；同时又强调社会制度与生产关系的革命性变革，才能为全社会人的解放和每个人的全面发展创造条件。这样的

第四章　班级活动中的劳动与技术教育

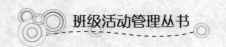

教育理论无疑是科学的教育理论，反映了教育本身发展的内在规律。

今天，当我们在对中小学生实施劳动与技术教育的时候，一定要把眼界放开，自觉地以这样的理论为指导，为实现学生的全面发展，充分发挥课程的教育功能。

2. 要充分挖掘劳动与技术教育促进学生全面发展的价值功能

1981 年第 38 届国际教育大会，就教育与生产劳动之间相互作用的基本原则明确指出："教育与生产劳动之间应该是有效的、持续的互动"，"在互动中强调理论与实践的相互依存，强调生产劳动在社会的、美学的、文化的、经济的和个人的价值之框架内的地位和意义"。联系上述精神使我们清楚地认识到，现代教育的发展，不是要削弱劳动教育而是要强化劳动教育，要强调劳动教育更加适合当今社会生产现实的需要，关注劳动教育多方面的教育价值。一句话，要从实际出发，促进学生全面和可持续的发展，就需要以劳树德，以劳增智，以劳健体，以劳益美，全方位的挖掘和落实劳动教育的价值功能。

劳动可以育德。这是因为劳动是学习的工具和教育的手段，劳动是铸就人生的熔炉。劳动教育的基本任务，在于使学生在学习为社会创造精神财富和物质财富的同时，感受自己存在的价值，从中得到快乐和享受。即使是自我服务性质的劳动也会有效地提高学生的适应能力和应变能力，更何况大多数的劳动都是在集体条件下，为了共同的目标进行的具有统一意志的行动，这对于增强学生的群体意识、合作精神，形成学生的社会责任感无疑具有重要的意义。在当前，教育与劳动的早期结合，对改变我国传统文化中根深蒂固的"视技术为淫技奇巧"，"劳心者治人，劳力者治于人"的传统观念，变革在独生子女环境下儿童和青少年中较为普遍存在的好逸恶劳的痼疾更有独特的作用。

劳动可以启智。在中小学综合实践活动中实施劳动与技术教育，是新形势下实现教育与生产劳动相结合的重要举措。在课程实施过程中，学生既要初步接触现代生产的一些基本原理，又要学习使用简单的工具，这种手脑并用的劳动训练，不仅可以帮助学生尝试使用学过的知识解决现实存在的问题，加深对知识的理解和记忆，更重要的还在于可以激发学生的兴趣，发展学生的思维能力，从而从根本上提高他们学习的能力和积极性。

大量的经验表明，劳动是一种发展智力的实践活动，人们常说"心灵手巧"，实际上是"手巧心灵"，一般讲来，凡是热爱劳动、心灵手巧的孩子，都会在智力上表现得更加聪慧。

劳动可以健体。劳动可以增强体质，促进身心健康发展，是人尽皆知不说自明的道理。然而，道理尽管简单，但真正做起来却不一定容易，从多年的经验看，这里还有一个需要把握适当的"度"的问题，在具体实施时必须从儿童和青少年的年龄特征和实际出发，过少不好，过多也不好。劳动过少，学生得不到锻炼的机会；劳动过多，打乱了学校正常教学秩序不说，甚至还会有损学生身心健康发展，造成负面的影响。

劳动可以益美。人是按照美的规律塑造事物的。人们塑造事物的过程即是人们劳动和创造新事物的过程。在中小学实施劳动与技术教育会广泛涉及自然美、生活美、艺术美和科学美的内容，使学生充分享受发现美、呵护美、创造美的过程，弘扬运用美的规律认识和改造世界的精神。

总之，实践以劳育德，以劳启智，以劳健体，以劳益美，就是实现以人为本，以学生的发展为本，把学生学习和理解劳动和技术的过程，变成促进学生德、智、体、美、劳诸方面生动活泼主动发展的过程。

第四章　班级活动中的劳动与技术教育

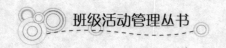
第三节　劳动与技术教育的组织和实施

一、劳动与技术教育课程组织与实施的基本原则

　　劳动与技术教育课程作为综合实践活动课程的指定领域之一，在实施过程中必须遵循下列原则。

　　1. 处理好学生与教师"主体与主导"之间的关系

　　劳动与技术教育课程倡导学生对课题的自主选择和主动实践。第一，学生要形成问题意识，善于从日常生活中发现自己感兴趣的问题；第二，学生要善于选择自己感兴趣的课题；第三，在课题的展开阶段，可以采取多种多样的组织方式，主要包括：个人独立探究的方式，小组合作探究的方式，班级合作探究的方式，跨班级与跨年级合作探究的方式，学校合作探究的方式，跨学校合作探究的方式，跨地区、跨国界合作探究的方式等；第四，在课题的探究过程中要遵循亲历实践、深度探究的原则，倡导亲身体验的学习方法，引导学生对自己感兴趣的课题持续、深入地探究，防止浅尝辄止。在教学过程中，教师要对学生的活动加以有效指导。在指导内容上，教师的指导主要是从根本上创设学生发现问题的情境，引导学生从问题情境中选择适合自己的探究课题，帮助学生找到适合自己的学习方式和探究方式。在劳动与技术课程的组织和实施中，教师和学生都应发挥自主性，教师应把自己的有效指导与鼓励学生自主选择、主动实践有机

结合起来。

2. 处理学校统筹规划与活动具体展开过程中的生成性目标和生成性主题的关系

劳动与技术教育作为综合实践活动课程的指定领域之一，应在充分使用学校现有教学资源的同时，集中体现学校的特色，学校应对劳动与技术教育课程进行统筹规划和具体设计。随着活动过程的展开，学生在与教育情境的交互作用过程中会产生出新的目标、新的问题、新的价值观和新的对结果的设计，这就要求教师首先要认识到这些生成性目标与生成性主题产生的必然性，肯定其存在价值，并加以运用，从而将劳动与技术课程引向新的领域。

3. 课时应集中使用与分散使用相结合

劳动与技术教育课程要求的课时安排应是弹性课时制。学校和任课教师在安排课时时应做到集中使用与分散使用相结合。例如，可以将每周的时间集中在一个单位时间使用，也可将几周的时间集中在一天使用，亦可根据需要将劳动与技术教育课程的活动时间与某学科打通使用等。

4. 合理地整合校内课程与校外课程

劳动与技术教育课程的组织与实施应打破学校、教室的束缚，组织者和实施者应把校内课程与校外课程整合起来，把正规教育与非正规教育融合起来，积极鼓励学校和学生利用双休日、节假日等课外时间到校外、到社会中去开展劳动与技术活动。

二、劳动与技术教育课程的教学组织形式

劳动与技术教育课程因为教学内容、教学条件、教学课程类型和结构的不同而不尽相同。常见的教学组织形式主要有课堂讲授式、基地（操作

第四章 班级活动中的劳动与技术教育

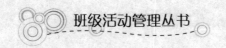

室）操作式、室外分组实践式、家庭个人实习演练式等。

1. 课堂讲授式

课堂讲授式是劳动与技术教育课程最常用的一种教学组织形式。课堂讲授式是指学生在进行实地操作前，必须先由任课教师通过讲解使学生了解本项技术的基础知识和具体操作方法、步骤以及注意事项。教师在运用此项教学组织形式时，一定要直观、形象地演示，使学生从被动接受变为认真观察、积极思考、主动学习。让学生在教师直观、形象地讲授中，了解操作的基本原理、方法和注意事项，才能使学生顺利地完成操作。

这种教学组织形式需要注意的是：（1）教师在讲解过程中语言表达一定要清楚、准确、生动形象、具有启发性；（2）教师在讲解过程中应注意把讲授法与其他教学方法和教学手段相配合，激发学生学习的积极性，形成动手操作的愿望；（3）教师一定要把握好讲授的时间，应留出充分的时间保证学生动手实践；（4）教师应转变教学观念，明确劳动与技术教育课程的目的是让学生在动手实践中掌握劳动与技术的基本知识和基本技能，使学生从以往的"要我学"变成"我要学"，充分发挥学生的自主能动性。

2. 基地（操作室）操作式

基地（操作室）操作式教学组织形式是与课堂讲授式完全不同的一种教学组织形式。"基地"或"操作室"是指各市区县建立劳动与技术训练中心或基地、各校教学实验基地、劳动与技术操作室等。这种教学组织形式不像课堂讲授式那样先由教师讲授要点，再由学生操作实践，它是指在教师指导下的一种动手实践的教学组织形式。

由于现阶段我国劳动与技术教育发展十分不平衡，劳动与技术教育基地的建立还很少。据介绍，现阶段我国劳动与技术教育基地一般都是每个区一个实践基地，这个实践基地要承担一个区所有学校的劳动与技术课的操作实践；而每个学校一般也只有一个操作实践室，这种教学条件远远不能满足劳动与技术教学的实际需要。我国大部分地区的劳动与技术课只能采取在教室里讲授基本知识或在教室里进行一些简单的动手实践活动。这

班级活动与班集体教育

种教学组织形式要求教师在操作训练前应准备好学生操作训练时所需的器材，为学生创造和提供安全操作的设施和条件，组织学生安全有序地进行操作。在实际操作过程中，教师除了运用各种方法调动激励学生积极主动地参与实践和指导学生形成良好的操作习惯外，还应树立安全第一的思想。

3. 分组实践式

分组实践式是劳动与技术教育课堂教学中因受教学条件和教学实际需要而经常运用的一种教学形式。劳动与技术教育课程所设科目如"摄影实践"、"花卉栽培"、"自行车维修"、"果树栽培"、"农作物栽培"等，都需要组织学生到室外进行分组操作。农村学校则经常组织学生到农场或试验田等地去进行室外分组操作。劳动与技术课程中所进行的社会实践、社会调查也经常使用分组实践式的形式进行。

在实践操作前，教师应划分好小组，选好每一小组的组长后，按照实践活动的要求，使每个学生在实际操作中明确教学目标；要制订相应的检查评价方案，尽量做到及时反馈、及时总结，使实践活动不流于形式，保证教学质量；同时，要使学生了解组织纪律，制订有效的安全措施，保证学生的实践操作安全。

分组操作式教学组织形式为了提高分组实践的教学效果要求教师要深入学生之中，在实际操作过程中做好指导工作。在操作实践中，有的时候因为受到场地和器材的限制，人均训练量可能不太平衡，个别动手能力差又不主动的学生往往会丧失操作实践的机会，教师一定要强调分工合作，使每个学生都有动手实践的机会。

小组的划分方式，主要有以下几种：

（1）根据材料加工准备的不同进行分组操作

有的教学内容在制作时所涉及的材料较多，制作有一定难度，学生往往难以独立完成。这时，教师可以将材料适当分开，由学生分别准备后再共同完成整件作品。

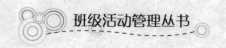

（2）根据器材结构进行分组操作和合作

有的教学内容以及教学器材方面涉及的部件、工具较多，各校大都难于全部满足学生的操作实践，但可以利用器材各部分的不干扰性和某些工具的共通性，将其分解后再组合。

（3）根据男女特点进行分组操作和合作

男女同学生理上的差异决定了男生较为适合耗力多、线条粗的操作实践内容；而女生则偏于精细、小巧的操作实践内容。男女生混合分工合作训练，具有互补性。

4．家庭个人实习演练式

要培养学生的劳动意识，仅靠学校和教师的指导是不够的，必须要与家庭、社会紧密联系。家庭个人实习演练式是养成学生良好的劳动生活习惯，培养学生具有生活自理能力、动手能力以及创新意识的有效途径。

目前，在学校缺乏必备的劳动与技术教育实践操作设备的情况下，将劳动与技术课堂从学校扩大到家庭和社会，把劳动与技术教育课堂教学和家庭个人实习演练式结合起来，使其能够达到预期的教学效果。

教师将在校不能操作和实践的教学内容，利用有效的教学手段，在劳动与技术课堂上讲解清楚，使学生回家后，在家长的指导、协助和配合下进行操作实践，使学生掌握所要求掌握的技能。家庭个人实习演练式的一大优点是：在学生的实践操作过程中，还可以把家长的好的经验融合在其中，经过多次的练习、制作、创作，不但能使学生熟练掌握操作技能，还会将此操作技能发挥运用，在培养学生的动手能力和创新精神的同时，使学生逐步养成了良好的劳动习惯。

总之，教师在组织设计教学形式时，一定要根据设计者本人和学生的实际情况和实际水平，因校制宜，因地制宜。

班级活动与班集体教育

三、劳动与技术教育的活动设计

劳动与技术教育的活动设计要从学生的生理和心理特点出发，要注意学生之间差异，增强活动的针对性、安全性和选择性。注意激发学生的技术学习兴趣。以培养学生的创新精神和实践能力为重点，因地制宜地确立活动目的。在保证基本知识、基本技能、基本态度的教育目的实现的基础上，尽可能提供更多自主学习的舞台和自主探索的机会。同时，要把积极的劳动与技术态度和正确的劳动与技术价值观的形成渗透到整个活动中去。

活动设计时应根据目的、内容和条件等因素的不同，以及学习环节和阶段，选择不同的活动类型，给学生创设获取各种经历、各种体验、各种感受的机会，使学生劳动与技术的学习过程成为一个生动活泼、多姿多彩、充满乐趣的过程。

活动设计时要注意活动类型的选择。劳动与技术教育的活动类型主要有：手工制作、模型装配、作品评价、产品推介、信息收集、实地考察、参观访问、见习与模拟、技术设计、技术试验、技术作品鉴赏等。

在时间安排上，可以用集中课时或分散课时，以及课内与课外相结合的方式安排活动。要注意活动的整体规划。可以以一节课为时间单位来安排，也可以几节课，甚至更多节课来安排一个活动单元。

劳动与技术教育的活动场所应根据学习需要和现有条件予以选择。可以在普通教室，也可以在技术课专用教室；可以在校内的活动场所和其他劳动场所，也可以在校外的实验实习基地；还可以在工厂、田野等。

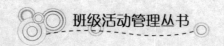

第四节　劳动与技术教育的实施案例

【案例】

小小花池大变身

一、活动课题的确定

　　教学楼后面的一块空地上有 9 个花池，学校分管卫生的老师把它们分给了我们班打扫，并定成了我们班的环境区。看着每天环境区内光秃秃的花池，同学们与我商量："咱们把这些花池包了吧！在池内种上花草，环境区不就更美丽了吗?"与同学们经过一番讨论后，我们决定在花池内养花，并把这一项活动定成我班的探究学习内容，确定课题为《小小花池大变身》。

二、活动过程

　　1. 自由分组，任命组长

　　开始分组了，大家七嘴八舌。有的同学想和自己的好友在一组，有的同学想和学习好的同学在一组，有的想和工作负责的同学一组。经过师生的共同讨论，大家一致认为一个组要既有男生又有女生最好，因为一般男

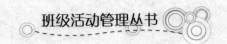

生粗心但有力气，而女生却细腻、干活认真。花池有 9 个，同学们按以上情况自由组成 9 个小组，分别由组员选出各组的组长。

2. 认领"植物园"并取名

开始认领"植物园"了，大家快活地跑向花池，选好自己的植物园，并给它起了名，有的叫"鸡冠王国"，有的叫"地蕾世界"……

3. 整地

认领了"植物园"后，同学们热情很高。第二天正是星期六，一早大家不约而同地来到了植物园里开始整地，看着不是石头就是沙子的地面，同学们真有些"老虎吃天无从下手"的感觉。不知道谁说："已经认领了，咱们就试一试吧！"一句话又提起同学们的热情。大家找肥的找肥，浇水的浇水，拣石头的拣石头，施肥的施肥，开始干得还很卖力，可是过了一会儿，这些从未下过田、娇生惯养的独生子女们，汗流浃背、唉声叹气了。好在还有几个不服输的人，终于带领大家把地翻完了。

在干完活儿往回走的路上，我发现好几个同学因为使用铁锹的方法不当，手上打起了几个血泡。看到这种情景，我引导他们回家后，写一写心得体会。一个学生写到："通过今天的劳动，我真正领悟到'谁知盘中餐，粒粒皆辛苦'的真实含义了。从今天起我一定珍惜每一粒粮食。"还有一个学生写到："干着干着我的坏思想就告诉我：唉！太累了，手都起泡了！好思想又启发我：干下去，坚持就是胜利。"这下他们亲身体验了劳动的辛苦与不易。

4. 找种子

找种子又是一个大工程。因为前一年秋天没确定课题，大家一下子都没有搜集种子。于是，我们首先想到去种子站买种子。结果去一问，500 克种子 100 多元钱。这么多钱去哪里找？经过一番讨论，决定全班同学一起行动，各尽所能去找种子。有的同学向邻居借，有些管亲戚要，几天下来到了找到不少种子。

第四章 班级活动中的劳动与技术教育

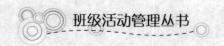

5. 播种

种子找到了，下面该种了。有了上次整地的经验，这次同学们干得比上次得心应手了。男生不知从哪儿找来一些肥（有猪粪、羊粪、牛粪）。接着浇水施肥，忙了一阵。开始种花了，这对我也很陌生。凭着平时养花的一点经验，我让同学按株距行距计算好，勾出一个细壕，按株距往里点子。看是很简单的事，我们60个人整整忙了一天，由于干得慢，我们又想快点干完，所以大家午饭也没吃，渴了喝一口凉水，饿了吃一口饼子，到下午连我也累得腰酸背痛，可学生没有一个叫苦叫累的。

6. 拔草

从种子种进花池的那天起，全班同学像母亲呵护婴儿一样，天天去看。终于有一天中午，同学们一看见我，欢天喜地地告诉我："花长出来了！"我立即让大家仔细观察用尺子量，将所得情况记录下来。随着花的长大，杂草也毫不让步地与花开始争地盘。每天早晨，一进操场就看见好多同学在花池边拔草。杂草的生命力可真顽强，刚拔过不久又长出来了，渐渐同学们对拔草的热情越来越低。看到这种情况我开了个动员会，动员同学们去寻找有关杂草和花的资料。经过一番研究，大家发现草对花的危害很大。这一下同学们十分着急，不愿自己的劳动成果受到杂草的侵害。他们只要有空就去拔草。

经过一学期的辛勤劳动，大家欣喜地看到自己的劳动果实一天天长高，都期待着九月收获的时候，每个花池鲜花盛开，我们会在那里开一个欢庆会，来庆祝半年来为校园的美化所作的贡献。

三、总结交流

这一环节单独安排了一节课，让学生自我展示，把获得的体会和收集的资料介绍给大家，从而使同学们获取更多信息。课堂上，每一位学生都既是展示者，又是倾听者。对展示者来说，展示自己所做的课题，就是展

班级活动与班集体教育

现自我，是一种自我价值的体现；对倾听者而言，这更是获得信息的最佳渠道。交流后同学们提出的问题，为下一步探究打开了新的思路。

四、教师评析

这一活动课题，在以下三个方面对学生起到了很好的促进作用。

1．学会合作

通过这个特殊的学习过程，同学之间必须进行合作，如：找肥要四处奔走，找到肥源，就需要几个人合作运到目的地，一个人是无法完成的；等到花开出来，同学要查资料掌握花的生长情况，实地考察做记录。这些活动都是大家分头行动，最后将获得的信息整理好，写成本组的探究报告。在这一活动过程中培养了学生的合作意识，增强了群体的凝聚力。

2．学会奉献

刚一开始每个组员都只钻在自己的花池内劳作，经过几次交流，渐渐在技术上熟练的同学，能主动去给其他组进行指导，还进行一些实地的劳作，有时还把自己收到的资料提供给其他人，把得到的经验传授给其他人。

3．学会关心

在干活的过程中，个别同学由于不会使用劳动工具，常常把其他同学碰了、踩了。大家都为一个目标种好花，从不计较，有的同学甚至被碰破了皮，最后互相道歉便没事了，在活动中同学们学会了关心、谅解。

五、专家点评

探究性学习的过程，是学生对自己在生活中发现的未知问题，根据自

第四章　班级活动中的劳动与技术教育

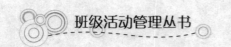

己的兴趣确定主要探究对象，在教师的指导下，应用已学的知识，主动探究、发现问题、解决问题、得出结论、获得知识的过程。在这一学习过程中，学生真正成为了学习的主人。上述活动课题的开展，为学生的发展起到了极好的促进作用。

【案例】

风筝的制作

一、活动主题背景

风筝又叫纸鹞，是我国传统民间手工艺品，也是我国古老的民间玩具，已有两千多年的历史。学生制作是一项运用数学、物理、美工等知识进行动手、动脑的科技活动。学生通过研究风筝，了解风筝的放飞原理、风筝的制作的一般程序、了解风筝的种类，在此基础上再让学生设计风筝、制作风筝、并完成制造新风筝的基本任务。

二、活动目标：

1. 使学生了解风筝悠久的历史及这一民间手工艺品演变过程。

2. 学生了解风筝的放飞原理和风筝制作的一般程序。

3. 学生能基本学会定骨架、扎线、粘纸等基本操作技能。

4. 学生在同伴一起合作过程中，能相互帮助，体会合作的重要性。

5. 开展风筝放飞活动，使学生体验劳动的喜悦，感受到劳动是一种

班级活动与班集体教育

创造。

三、活动过程

1. 引发动机、激发兴趣

师：同学们，我们研究了风筝的历史，知道了风筝的发展变化，还看了许多风筝的图片，今天大家带来了许多风筝，是不是想放放风筝了，请各组自由放风筝去吧！

2. 发展活动

大家刚才玩了风筝，开心吗？可以这些风筝都是你们买来的，要是自己制作一个风筝那会更有趣的。

（1）你们在玩时发现风筝有什么特点？（形状多样、风筝对称等）

（2）提出任务：今天我们就要制作一只风筝。

（3）各组可以两人或者三人合作做风筝。（要求：安静、默契、动作迅速）

材料：配套风筝材料。如果有能力小组自己创作风筝，材料自领。碰到疑难问题可以请教教师。

（4）学生制作风筝，教师巡回指导。

（5）各组把做完的风筝进行试飞，试飞成功的教师给以奖励。试飞成功的可以当小老师帮助其他同学。失败的原因找不出请求老师的帮助。（重心不对、风筝纸捅破、尾巴太轻、尾巴太重、线角度不符合要求）

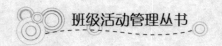

（6）学生一边调试一边修改。各组别汇报试飞结果。

（7）教师小结，归纳建议：如风筝骨架要对称，风筝面料应完整粘牢，要找准重心等。

3．课堂综评，抛砖引玉

风筝作品在不断创新，具有鲜明的时代特色。风筝品种繁多，但都是别人的创造，你能设计出与众不同的风筝吗？

四、反思与评析

1．借助生活经验，培养创新能力。一切科学知识都来自生活，受生活的启迪。本课教学的内容是学生共同确定的课题，也是与学生的生活实际密切结合，充分考虑学生的年龄特点及生活空间，内容"近、小、实"，学生明确了选题后，各小组展示了风筝制作的原材料、风筝的种类，并通过现场了解风筝的放飞原理，生动地介绍了他们的研究成果。同时还现场帮助其他组的同学制作风筝。这样的设计，不仅生动活泼，还充分体现了劳动与技术教育的学科特点，突出了技术含量。另外，这与学生生活有着密切联系的内容，在一定程度上影响着学习的效果。在风筝的制作过程中，学生能联系自己的生活经验多角度地考虑：我要制作出哪一种类的风筝？我要设计出现实生活中还没有出现过的风筝？……这样形成解决问题的基本策略，不能不说这是一种创新，是学生具有良好技术意识的体现。整节课学生的学习情绪高涨，让他们在实际生活中尝试到学习的乐趣。

2．改变传统的教学模式和课堂结构，充分发挥学生的主体性，让课堂活起来。劳技课的一大特点就是精讲多练，学生在课堂上动手练习的机会占的比例很高。在传统的教学模式中教师先讲，学生再跟着做，学生只是单纯的模仿，这只是低级劳动。记得赛格纳斯曾经说过"避免愚蠢和枯

班级活动与班集体教育

燥的劳作和没有意义的不需要思想的劳作"，我很赞同他的观点，在劳技课上学生的劳动是有思想的，有创造性的劳动。这就需要提供充分的自由空间让他们来思想、来发挥。我摆脱了手把手地教而是让学生充分地玩风筝、看风筝、想风筝、研究风筝、制作风筝，让他们在实践中积累经验，通过实践改进自己想法欠缺的地方；此时学生成功了，那不是老师教的，而是通过他们自己的脑力劳动获得的，那一份成功的喜悦和老师那儿拷贝到的知识，感觉真的不一样，通过这次活动，学生确实感受到自己是学习的主人，课堂气氛活了起来，学生学得愉快，收获也很多。

3. 反思整个活动，还存在不少问题：

（1）如何使活动真正贴近学生的生活

活动中学生获得的更多的资料是关于风筝的历史等网络资料，而生成性的、生活化的资料较少。

（2）如何在活动中引导学生作好反思

学生只有学会反思、自觉反思，随时调整小组计划，才能使活动开展得有声有色。所以，教师如何采取相应的策略来调控并引导学生的反思就至关重要。

（3）如何使评价达到内化

整个活动真正的过程性评价并不明显，这基于教师更多地关注每一个学生，将学生的自我反思与即时性评价充分结合，真正达到促进与提高每一个学生发展的目的。

第五章　班级活动中的信息技术教育

在面向新世纪的基础教育新课程改革中，信息技术教育和信息技术课程的地位日益突出。信息技术已经成为当代课程与教学的最基本要素，成为教育改革和发展的重要内容，而信息技术教育的地位也在发生着明显的变化，正在从课程的边缘走向中心，从课程的配角逐步转变为主角。

第一节　信息技术教育的任务与教育目标

教育部颁布的《基础教育课程改革纲要（试行）》明确指出，信息技术教育作为综合实践活动课程的四个指定领域之一，目标就是要"培养学生利用信息的意识和能力"。这是因为当前科学技术高速发展，知识急剧增长，知识作为生产要素，已经成为经济发展的直接资源。知识经济对人的素质提出了新的要求，生活在知识经济时代的人们必须掌握相应的信息技术。虽然把信息技术教育单纯理解为学习计算机知识和运用计算机的技能训练是不全面的，人们现实生活中使用电话、手机、传真机、照相机、电视、收音机以及各种平面媒体……都蕴含着信息技术内容。但是，以计算机和计算机网络作为信息技术的强有力的工具，毕竟已然成为信息技术的主要代表，通常人们正是把认识、使用，并有计算机和计算机网络参与的教育才称为信息技术教育。正确地理解信息技术教育在班级活动课程中的定位和它的教育目标，是实现综合实践活动课程中信息技术教育任务的先决条件。

一、信息技术教育的任务

课程是学校教育的载体，是学校实现培养目标的施工蓝图和组织教育教学活动最主要的依据。学校教育中每一门课程都在课程体系中占有一席之地，都有特定的教育教学任务。只有各门课程都能圆满地完成各自确定的教育教学任务，才能保证国家教育方针和学校教育任务的完成。新课程

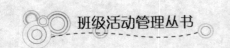

改革特别强调课程意识，首先即是要求课程的实施者明确相关课程的定位，也即是确定各门课程在课程体系中的位置，进而明确该课程所具有的特点及其具体的教学任务和要求，做到胸中有全局，才有可能做好各自具体的教育教学工作。

《基础教育课程改革纲要（试行)》明确规定，将信息技术教育作为综合实践活动必修课程的重要组成部分，将对学生的信息技术教育的任务，作为课程指定领域放在了以实践性学习为特点的这一课程之中，并明确要求"在课程实施过程中加强信息技术教育，培养学生利用信息技术的意识和能力"，即是明确而具体地对综合实践活动课程中的信息技术教育作了清晰的定位，也即是说，当前，在中小学，主要通过综合实践活动课，采用活动的办法，达到使学生获得利用信息的意识和能力这一教育目标。

1. 培养学生利用信息技术的意识和能力

21世纪，人类迎来了信息时代。所谓信息是泛指被赋予一定含意的符号，如声音、动作、文字、图画、气味等。信息古来有之，其所以现在引起人们的广泛关注，是因为由于科学技术高速发展，知识爆炸，导致人类对自然界和社会的认识达到了前所未有的更高阶段，以及以计算机发明为代表的信息革命革新了人们的思维工具的缘故。

计算机具有强大的计算能力，曾任美国通用计算机科学部主任的卡尔·莫汉指出：在现代社会中，计算机的智能放大因数达到了2000:1，换句话说，就是一个正常人操作计算机可以使自己处理信息的能力提高2000倍；计算机具有强大的计算和检索功能，使从对信息采集、传递，到检索、分类、统计、纠错等过程都可以全部自动化完成，极大地减少了其间可能耗散的无用功，极大地改变了人们的学习方式；计算机还可以帮助人类进行逻辑思维。这就不难理解，计算机与世界顶尖棋手过招也可以战而胜之的奥秘。钱学森在全国首届思维科学讨论会发言时就曾指出过："一切逻辑思维的东西都可以上电子计算机，都可以利用电子计算机来代替人的劳动。"

当前，信息产业的就业比重已经成为衡量一个国家经济发展水平的重要标志：一方面，传统的工农生产领域正在经历自动化、智能化的深刻变革；另一方面，由信息化新生出来的更多的新兴产业正在为人们提供越来越多的就业机会。计算机发展正在使计算机程序成为人类的第二种语言，网络技术的发展将会使每一个家庭、每一个工作岗位，甚至世界上每一个流动的人都联系起来的梦想变为现实。以计算机和网络为代表的信息技术，代表着人类社会的发展方向。掌握信息技术不仅是生产发展的需要，而且是人们生活的需要，是提高人们生活质量的需要。在这样的背景下的中小学教育，要迎接信息化社会的挑战，培养面向信息化社会的创新人才，就必须引导学生了解信息社会，学习信息技术，形成信息社会必备的生存意识和生存技能。只有如此，才能适应社会的潮流，跟上时代的发展。这些就是对中小学生进行信息技术教育的出发点。

新课程将信息技术教育纳入综合实践活动课程，作为课程的一个指定领域予以实施，就必须从课程的特点出发，坚持从学生的需要和兴趣切入，以与学生生活和社会生活密切相关的现实问题为载体，以探究性学习为主导的学习方式，在活动实施的过程中，努力实现对学生的信息技术的教育，实现课程所能承担的对学生实施信息技术教育的任务。

2. 学校信息技术教育需要和多学科进行整合

信息技术发展的一个显著特点，是信息工具的性能和价位组成的性价比令人惊诧的发展态势。一方面，随着信息工具的不断创新和以人为本的软硬件设计与开发，各种类型的信息工具的性能越来越好，功能越来越完备，操作越来越简单，使得人们顺利共享社会涌现的海量信息成为可能；另一方面，随着以计算机为代表的各种信息工具价格越来越便宜，网络技术使用得越来越普遍，信息技术装备已然进入了普通学校和寻常百姓家庭，使得以往神秘莫测的信息技术的操作和使用，变得有如使用电视机和电话那样简单，更使得人们通过信息技术共享社会信息资源的梦想正在成为现实。

既然操作信息工具的技能变得如此简单易行，有关计算机软硬件基本原理、系统控制命令以及软件编程等专业性知识，对于多数信息工具的使用者而言就变得无关紧要了。他们关注的重点正聚焦于在什么时候和在什么环境或条件下，需要或应该使用什么样的信息技术，以及相关的信息工具的操作方法和技术要领，也即是当前人们反复强调的，提高"利用信息技术的意识和能力"问题。

正是在上述信息技术发展的大背景下，《基础教育课程改革纲要（试行）》才特别强调，不应当把信息技术仅仅作为学习的对象，而应当作为学习的工具，要"大力推进信息技术在教学过程中的普遍应用，促进信息技术与学科课程的整合，逐步实现教学内容的呈现方式、学生的学习方式、教师的教学方式和师生互动方式的变革，充分发挥信息技术的优势，为学生的学习和发展提供丰富多彩的教育环境和有力的学习工具"。

无需把信息技术仅仅作为学习的对象，而应当把它作为学习的工具，是新课程改革对信息技术教育的要求，是对以往信息技术要求的一种发展。把信息技术从学习对象转变为学习工具，更强调对信息技术的使用，强调要把信息技术作为提高学习质量的重要载体，需要努力把信息技术教育和各门课程（包括学科课和活动课）整合起来，实现教学方式和学习方式的变革；还要把信息技术从仅仅作为辅助教学的手段，转变为学生的学习方式，尤其要关注建构在网络环境下学生自主学习的方式。信息技术不仅仅作为学习的对象，而应当作为学习的工具这一要求，不仅是对综合实践活动课程的特殊要求，而且应该是针对学校中所有课程的要求，任何课程概莫能外。然而，综合实践活动课程的确具有与信息技术教育整合的独特优势：信息技术教育的内容既是综合实践活动的研究对象，又是实施综合实践活动的重要工具，以及综合实践活动独具的实践学习特点，在实现信息技术与学生自主学习、主动探究、合作交流等方面的优势和长处是其他课程无可比拟的。正因为如此，综合实践活动在其开发和实施的过程中，自然就需当仁不让，努力实现与信息技术的整合，将其作为一种有效的学习工具加以学习和运用。

二、信息技术教育的目标

第四届世界计算机教育会议，根据国际计算机教育的经验以及信息社会对计算机教育的需求，曾经提出过计算机文化教育这样一个概念，作为普及计算机教育的目标。所谓计算机文化教育，即是指"为了使一般人了解信息社会，并能在信息社会中有效地进行工作和生活所进行的与传统的读写、计算等文化教育同样重要的计算机普及教育"。它应该成为信息社会基础教育的重要组成部分。

计算机文化教育，可以理解为基于计算机使用的信息技术普及教育，内容主要包括两个部分：其一，使学生掌握必要的信息技术的知识和技能，也即是认识计算机并掌握与计算机相关的技能；其二，培养学生利用信息技术的意识和能力。后者与我国教育部《基础教育课程改革指导纲要（试行）》对综合实践活动课程中信息技术教育的要求是完全一致的。《基础教育课程改革指导纲要（试行）》即是将对中小学生信息技术教育的目标要求锁定在培养学生"利用信息的意识"和"利用信息的能力"这样相互联系的两个方面，这是在以互联网和多媒体技术为核心的信息技术正在走进中小学，并将成为我国大多数学校的教学和学习工具的背景下，提高学生信息素养，培养信息化社会所需要的合格的基础教育毕业生的必然要求，各地学校都应该认真贯彻和执行。

1. 培养学生利用信息的意识目标

随着知识经济时代的到来，信息已经和物质与能量一样成为人们生存世界中的一个基本要素。在科学技术高速发展的今天，不仅新知识产生以及将新知识运用于生产中去的时间正在迅速缩短，而且由计算机信息处理技术和网络技术支撑的信息高速公路，正在迅速地将全世界连成一个统一的地球村，人们的生活、工作、生产、科研……总之，在所有的一切方面都正在或即将受到信息化的洗礼，培养学生利用信息的意识刻不容缓。

培养学生利用信息的意识，不仅仅是要帮助学生树立信息重要性的观念，而且要培养学生积极地选择和正确地使用信息，培养学生对信息的积极态度和价值观念，其具体要求至少应包括以下几个方面的内容：

　　（1）重视获取信息

　　大千世界，信息无处不在，要保持对信息的敏感，学会获取信息，不仅面对变化的自然和社会尽可能地做到耳聪目明，在知识爆炸的今天，还必须学习和掌握相应的认知工具和进行必要的技能训练。

　　（2）学会选择信息

　　信息不等于知识，有用的信息才是知识。在浩如烟海的信息海洋中获得有用的知识，就要对得到的信息进行加工和处理，进行选择和控制。必须明白，加工和利用信息比拥有知识更为重要。

　　（3）明辨信息真伪

　　信息不像实物，可以看得见摸得着，比较容易识别。多数情况下，它无影无形，令人难以捉摸。然而，只有真实的信息才能于人有用，而虚假信息则会贻害无穷。明辨信息真伪常会成为利用信息的前提条件和关键所在。要树立正确的信息意识，就要摒弃道听途说，学会兼听则明，要重视调查研究和亲历实践。

　　（4）树立正确的信息技术活动行为规范

　　信息技术活动是一种社会活动，它应当有明确的社会目的，并服从于特定的社会规范。美国的科学社会学家默顿把科学活动的社会规范称为科学的精神气质，他提出的科学活动的规范包括：普遍性、竞争性、公有性、诚实性及合理的怀疑性等几个方面。信息技术活动属于科学活动的范畴，上述规范也适于信息技术活动，理应成为支配从事信息技术活动的人及其从事的信息技术活动的行为规范。

2．培养利用信息的能力目标

有意识就会有行动，有信息意识，就可能导致运用信息的冲动和行为。但是，意识虽然可能会指向活动，却不一定能够保证达到胜利的彼岸，必须具有能力才能实现预期的目的。能力是实力的重要表现。

信息技术不仅是对信息工具的娴熟的使用，其实它本身就是一种工具。将其作为工具，与研究性学习、劳动与技术教育以及社区服务和社会实践活动紧密结合，以各种求知的活动为载体，使用信息技术这一工具发挥其应有的作用，并在这一过程中提高人们使用信息技术的能力和水平。信息能力表现于对信息的获取、分析、加工、创新、利用和交流共享等各个方面。今天的学生必须学会在信息世界里发挥自己的能动性，学会获取那些与自己兴趣和需要相符合的信息，同时要学会排除干扰信息，能够对各种各样的信息进行分类并判断其可信性、可利用性和相关性，同时学会使用适当的信息，形成自己的结论并与他人进行交流。

对于中小学的学生来说，信息能力的具体要求至少应包括如下一些内容：

（1）信息获取的能力

能够根据学习要求，主动、有目的地去发现信息，并能通过各种媒体，如互联网、书籍、报纸、杂志、电视等，或者自己亲自参观、调查、实验、研究等，收集到所需要的信息。

（2）信息分析的能力

能够对获取到的丰富信息进行筛选，判断其信度和效度，并对真实有用的信息进行分类。

（3）信息加工的能力

能够将不同渠道获取的同一类信息进行综合，结合自己原有的知识，重新整理、组织、存储，并能够简洁明了地传递给他人。

（4）信息创新的能力

通过分析、综合、抽象、联想、归纳、整理等思维活动，对信息进行加工，找出相关性、规律性的线索，或者能从表面现象寻找出事物的根源，得出创新的结论。

（5）信息利用的能力

利用所掌握的信息，使用信息技术或其他手段，分析、解决生活和学习中的各种实际问题。

（6）信息交流与协作的能力

能够通过互联网等平台拓展自己的交流范围，面向世界，开阔视野，并能利用信息技术加强与他人的联系或为着一定的目的进行协作。

班级活动与班集体教育

第二节　信息技术教育的组织与实施

　　在长期的信息技术教育实践中，各国提出了不同的信息技术教育的组织和实施形式，主要有三种形式，如美国的很多州没有统一的课程设置，英国则是实施统一的课程，对于不同阶段的学生提出不同的目标要求，而中国则和芬兰一样，把信息技术教育设置为综合课程的一部分。

一、我国当前信息技术教育实施的三种主要形式

　　当前，我国中小学信息技术教育的实施，主要包括以下三个途径，一是独立设立信息技术学科课程，二是通过课程整合途径，三是在综合实践活动中开始信息技术教育。

1. 开设信息技术课程

　　信息技术课程有别于传统的计算机课程，计算机课程是把计算机作为课程的学习对象来学习，而且是唯一的学习对象；而信息技术课程则把计算机作为课程的学习工具来学习，并且是学习的工具之一，强调的是使学生具备各种信息工具和各类信息资源进行学习的能力，通过学生对信息技术知识和技能的掌握与利用，不断提高他们的信息意识和能力，使学生学会学习、学会思考、学会合作、学会创造，以利于学生综合素质的不断发展。

　　从教学方法而言，信息技术教育的实施与传统的计算机课程将有所区

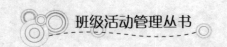

别，传统的计算机课程强调的教学方法是讲练结合，忽视学生自我的探究能力的培养，压抑学生的主动性和积极性，忽视学生课堂学习的主体地位。信息技术教育不但是课程内容的革新，也是学习方法的革新，传统的讲练结合的模式不能应用于信息技术教育，而应该是探索新型的模式，有关学者提出了新型的信息技术学习模式，强调研究性学习、探究性学习、协作性学习和自主性学习等多种学习的统整。教学方法和模式的革新必然激发学生的学习兴趣，充分体现学生主体地位。中小学信息技术课程的教学应该贯穿能力本位的思想，目的不在于给学生灌输了多少知识，而在于侧重于学生能力的培养：一是学习使用信息技术的能力，二是使用信息技术进行学习的能力。

2. 加强信息技术课程与其他课程整合

信息技术课程与学科课程的整合不是将内容简单地混合起来，而是一种有机的结合。开设必要的技术课是基础，但更重要的是为学习者提供应用信息技术的情境，创设应用信息技术的学习环境，整合是有效的途径。整合是以信息技术为基础、为学习工具、为认知工具，以具体学科任务、研究课题来驱动学习过程，使学生充分发挥学习主体的作用，主动地利用信息技术获取、处理、加工信息，与他人进行广泛而深入的交流与协作，探索解决问题的方法，从而最终实现信息素养与学科教育培养目标的共同、有效的达成。

3. 通过综合实践活动来实施信息素养教育

信息技术教育是综合实践活动的基本形式之一，是综合实践活动的重要内容，作为一种独立的课程，综合实践活动主要是通过以下几个方面来开展信息技术教育的。我们为什么要把信息技术教育作为综合实践活动来开设，其原因就是综合实践活动与信息技术结合彰显的巨大的作用。

第一，综合实践活动回归生活世界，在问题活动中培养信息素养。信息技术只有与社会生活紧密结合，才能彰显出其巨大的价值。相反，信息技术与社会生活相脱离，将使信息时代、信息社会失去意义，而不复存在。

中小学生是从属于时代和社会的，他们具有超常敏感的时代性、社会性，将学生的信息素养培养仅局限于课程、课本和学校的做法，割裂了学生与社会的必然联系，是不完整的，不利于学生的全面发展和进步。中小学生一方面参与社会政治、经济、文化、科技、环境保护等社会活动日益增多，另一方面，随着课程改革的深入，中小学生在参与课程尤其是地本、校本课程及综合实践活动课程建设与开发活动中，与社区、社会生活的联系日益密切，学生的社会生活面临着重新建构，其中发现问题、分析问题、解决问题的"问题活动"将成为学生社会生活的重要内容。在这些源于生活或贴近生活的"问题活动"中，信息技术的运用将实现学生个体与社会信息的重组与统一。同时，通过信息搜集、比较、概括等方法扩展、增殖信息，并在信息扩展与增殖的过程中，培养学生的信息素养。

第二，综合实践活动回归社会活动，在交流交往中培养信息素养。没有信息交流就没有群体、社区、社会。信息技术是信息交流的第一需要，信息技术的进步不但扩展了信息交流的时空，而且给人们带来了生活方式、工作方式、学习方式、人际互动方式的变化。信息交流应当是信息技术教育的基本问题。中小学生是归属于一定社会群体的，其个体与他人与社会有着千丝万缕的联系，具有鲜明的社会性、互动性。学生在实际交流交往活动中，建立了个体与群体、单向与多向、直接与间接、纵向与横向、跨时空与跨文化等多元交流交往。无论在合作学习、探究学习等学习活动中，还是在日常生活的伙伴与团体活动中，信息技术的运用将大大拓宽信息技术教育的范畴，把信息技术教育从单纯强调个体作为的个体活动中解放出来，融入到广阔的社会群间的活动中，培养学生的信息素养，促进学生在信息社会的社会化。

第三，综合实践活动回归文化视野，在信息文化建构中培养信息素养。在信息技术教育中，只强调技术能力而忽视人文观念，是不利于人的全面发展的，中小学信息技术教育理念必须提升到文化层面。站在文化视角，信息技术教育将有质的升华——从单纯的信息技能训练走向整体的信息文化素养积淀。传统的信息技术教育仅站在技术能力的角度，忽视与脱离了文化视野，影响了学生完整的信息素养的发展。前一时期，某校发生的"学生网上骂老师"不能不令人遗憾万分，这也将我们的信息技术教育推到了难堪境地。中小学生正处于人生发展的可塑时期，我们必须在培养学生信息技术能力的同时，教育学生自觉遵守与信息活动有关的道德、法律、法规，健全学生的人格发展。

信息技术教育的实施受到信息技术教育实施环境的制约。信息技术教育实施环境可以分为以下三个部分，一是信息技术基础设施，二是教师教育，三是信息技术教育资源建设。信息技术基础设施建设是整个信息技术教育的物质基础，如何的信息技术教育活动必须在一定的信息技术基础设施基础上建立起来的。信息技术教育资源建设是信息技术教育活动的资源基础。信息技术教育的教师教育是信息技术教育开展的关键性因素。信息技术教育必须关注其学习环境的建设，建立良好的信息技术教育实施环境，才会有利于信息技术教育的有效开展。

二、信息技术教育的基本方法

首先要激发学生的学习积极性和兴趣。学生的兴趣和情感等心理因素对其认识过程会产生重要影响，当学生对所学的知识产生兴趣和积极的情感时，就会从内心迸发出向往和求知的强烈欲望，产生积极、主动的学习动机。学习活动就不再是一种负担，而是一种享受，一种愉快的体验，学习效果也会事半功倍。多媒体技术集声音、动画、图像等各种技术于一体，可以更好地刺激学生的各种感官，激发学生的学习兴趣。

其次是要创新教学方法。纯粹的信息技术知识琐碎而枯燥，如果不对教学内容和手段进行精心的设计，学生必然会产生"厌学"的情绪，要想让学生"爱学"就要把信息技术知识有机地溶入学生喜闻乐见的任务中。

引入趣味方法。学生之所以爱玩游戏，有一个很重要的原因就是游戏中具有挑战，经过努力可以获得成功的体验。如打字部分的教学很枯燥，我们可以采用一个打靶游戏软件让学生练习指法，并对学生的成绩进行统计记录，做成名为"射手榜"的网页放在局域网上，每个学生都可以看到，鼓励学生挑战"高手"，并根据学生成绩对网页及时更新，掀起了学生练习打字的高潮。

鼓励参与，让学生在参与中体验成功。在教学中注意采用多种形式引导学生积极参与到课堂教学中。在参与中教师应该设置不同级别的教学要求。教师提出的任务可以分成基本任务和扩展任务，只要完成了基本任务就算完成了任务，让绝大多数同学体验到成功的喜悦，有助于提高学生参与教学的积极性。同时，扩展任务又为学生留下了探索的空间。参与性教育应该引入合作教学的机制，教学任务的提出采用学生感兴趣的模式。例如，把教学任务的几个步骤采用"闯关"的形式，制作成 Flash 动画播放。将学生分成几个小组，哪个小组最先闯过关，就成为最终的获胜者。这可以极大地调动了学生的积极性，同时也促进了学生的协作学习能力。

三、信息技术教育的主要原则

相对于其他学科课程而言，信息技术教育有自身的特点，它的教学本身有自己内在的固有特征，把握这些内在的规律和原则有利于提高信息技术教育的有效性。

1. 打破模块，有针对性的教学

现在已进入信息时代，有关信息技术的名词、术语，已经成了一个公民应该具有的基本素质；是否掌握信息及信息处理的基本思想与方法，已经成了与读、写、算一样重要的基本能力。因而，让学生了解、理解或初步掌握有关信息技术的基础知识，就成了中小学信息技术教育的一个重要目标。然而，由于受学生的知识结构、认知水平、心理和生理特点的限制，不应一开始就向学生介绍系统的信息技术知识。

在初始阶段以培养学生兴趣为主，让学生感受信息技术在学习、生活中的作用。比如让学生打一些益智的游戏，用一些辅助学习的软件改变学

第五章　班级活动中的信息技术教育

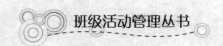

习方式。学生在学习、游戏中逐渐掌握了鼠标的操作，对计算机的几大部分，操作系统的桌面等有一些感性的认识。

然后进入第二阶段，培养学生应用信息技术解决实际问题，以基本操作为主进行学习，在这个过程中适时、适量地引入相关的知识、名词、术语、思想与方法，用到一些，介绍一些，暂时不用的，以后用到时再介绍。比如文件和文件夹的概念对小学生来说是比较抽象的，可以在学生已经反复地保存和打开自己的作品后再引入。这样虽然打破了信息技术学科体系本身的惯例，但为学生建立起了科学的学习顺序。

2. 任务驱动，学做结合

传统的观念认为学和做是两个过程，知识的获得和知识的应用是两个过程，必须先学了，先知道了，才能去做，去解决有关的问题。所以传统的教学方法是先按菜单进行讲解，把菜单上的项目一条一条地逐一介绍，学生听起来空洞、枯燥、无味，离生活、学习相距甚远。本来是学生最喜欢的东西，却让学生越来越感到乏味。

建构主义学习理论以及建构主义学习环境相适应的教学模式概括为：以学生为中心，在整个教学过程中由教师起组织者、指导者、帮助者和促进者的作用，利用情境、协作、会话等学习环境充分发挥学生的主动性、积极性和创新精神，最终达到使学生有效地实现对当前所学知识的意义建构的目的。

"任务驱动"就是将所要学习的新知识隐含在一个或几个任务之中，学生通过对所提的任务进行分析、讨论，明确它大体涉及哪些知识，并找出哪些是旧知识，哪些是新知识，在老师的指导、帮助下找出解决问题的方法，最后通过任务的完成而实现对所学知识的意义建构。

任务驱动的教学方式，是在问题解决中学习，教师针对所要学习的内容设计出具有思考价值的、有意义的问题，首先让学生去思考、去尝试解决，在此过程中，教师提供一定的支持和引导，组织学生讨论、合作，但这都不应妨碍学生的独立思考，而应配合、促进他们的探索过程。

3. 主动探索，充分发挥学生主动性

教学中教师不要直接告诉学生这是什么，为什么要这样，怎样去解决所面临的问题，要充分地相信学生，有的教师老是对学生不放心，总认为我不说，学生可能就做不好，甚至不会做，其实学生的潜能是很大的，就等教师去发掘。而教师要做的就是向学生提供解决该问题的有关线索，对学生的自主探索提供方法指导，为学生构建向上攀爬的支架。学生通过自己在计算机上进行操作，体验成功与失败，正确评价自己的认知活动，从中获取对知识的正确理解，探求问题的最终解决办法。学生在遇到困难时，可以向老师、同学、书本、软件中寻求帮助，网上请教。以培养学生获取信息、鉴别信息、处理信息的能力。

4. 互相帮助，加强协作

协作是建构主义学习理论的四大要素之一，学习者与环境的作用，对知识意义的建构起着重要的作用。学生们在教师的组织和引导下一起讨论和交流，建立协作小组。通过合作完成一个共同的任务、小组成员之间讨论与辩论、结成伙伴、竞争等形式，使得学生的学习活动更加生动、活泼和丰富多彩。同学和教师都是促进学习的帮助者。教师可以促进学生的沟通，启发学生要学会表达自己的见解，学会聆听他人的意见、理解他人的想法，学会评判、接纳和反思。通过这种协作和沟通，学生可以看到问题的不同侧面和解决途径，开阔了学生的思路，从而对知识产生新的理解。这样的协作学习，使学习者的思维与智慧可以被大家共享。

第五章　班级活动中的信息技术教育

第三节 信息技术教育实施案例

【案例】

走近网络聊天

一、活动背景

　　因特网的出现拉近了人与人之间的距离，人与人之间交往除了电话、书信、谈话等外，还可以通过网络来进行交流。现在的中学生都喜欢网上聊天。然而，目前的网络交流却是花样百出，很多的网络交流存在着不道德和不健康的内容。为了让我们的同学们有一个健康的网络交流环境，能自觉地抵制不健康的网络内容，因此特地设计本主题活动。

二、活动目标

　　1. 了解网络中人与人之间的交流方式，了解什么是网络聊天室、网上论坛等。

　　2. 了解网络聊天室及 BBS 的使用规则。

3. 掌握聊天室的操作。

4. 学会在网上发布文章。

5. 学会即时聊天软件 QQ 的使用。

6. 知道网络聊天中每个公民应具备的道德和素质。

7. 了解在网络如何保护自己的安全。

三、活动任务

1. 分小组（4~5人）自建一个主题在网络聊天室中进行聊天，并撰写一份记录报告。

2. 就聊天的主题写一篇文章，并在网上论坛中发表。

3. 学会使用 QQ 与同学进行聊天，并撰写一份记录报告。

4. 小组就探讨 QQ 聊天中的安全写一篇文章，并在网上论坛中发表，或者通过聊天方式将此文章传给其他同学和教师。

5. 注意网络发布信息的健康。

四、工具及资料来源

计算机、因特网、有关的计算机书报等。

第五章　班级活动中的信息技术教育

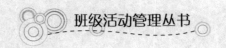

五、活动过程

1. 分小组，确定聊天主题，进入某一聊天室将全班学生分成 4~5 人的小组，小组讨论并确定聊天室的主题及想进入的聊天室网站，并交由教师审查通过，然后学生自由地聊天。

在实际的活动中，教师要先对学生讲解有关聊天室的使用方法与技巧。在此，引导学生思考研究以下两个问题：怎样确定主题才能做到有话可说，并能保证聊天内容健康，不会偏离轨道？如今许多聊天室聊天的主题五花八门，各种聊天内容更是千奇百怪，谈谈你的看法。

2. 新开一个聊天室，进行聊天，撰写聊天报告。

要求同组的新开一个聊天室，然后本组同学全部进入，开始聊天，记录下每人的发言及次数。到了限定时间后，停止聊天，将聊天记录整理成报告。引导学生思考研究：聊天时你的最大困难是什么？可通过哪些方法来解决？你使用网上的表情符号没有？同学们是否看得懂？聊天室犯罪已成为一种新的社会现象，谈谈如何培养自我保护意识，避免上当受骗。

3. 结合聊天记录报告，撰写一篇 500 字左右的文章，发布在网上论坛上。

要求学生结合前面的聊天记录，每人撰写一篇以聊天为主题的 500 字左右的文章，并登录进入网上论坛，进行发布。小组成员进行网上交流，阅读组内的其他人的文章，选出最佳的作文，交由教师评审。

引导学生思考研究：在网上随意散布政治、宗教言论等是否合法，如何正确看待网络上的文章？网上发表的文章有哪些优点？

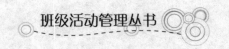

4. 开启即时聊天软件 QQ，与同学们即时聊天。

对于 QQ 聊天，许多同学都会，也都有 QQ 号码。将教师的 QQ 号码共享，与同学们进行及时的在线交流。要求各位同学通过 QQ 相互交流，将交流的过程记录下来并进行整理，在规定的时间内，形成 QQ 交流报告，交教师检查。

引导学生思考研究：即时交流软件的功能是什么？主要有哪些即时交流软件？现在有很多人通过 QQ 来认识了不少的网友，谈谈你对这件事的看法。

5. 网上交流与展评。

本活动主题采用网上评价方式，同学们通过网上看优秀作文，了解各位同学的观点，评选出最佳写手、最佳电脑操作高手等。

六、教师评析

本活动主题结合中学信息技术网络基本应用而设计。在以往的信息技术课教学中，网络交流只是教师介绍一下方法，然后学生练习一下。通过此活动，将学生的思维以及思考的观点全部通过网络展示出来，让同学们互相交流学习。

上网聊天一直是学生最感兴趣的话题。将学生们的网上随意聊天改为在教师的监控下聊天，开始学生们还有一些拘束，一会儿熟悉后就什么话都来了。学生思考问题的结果通过发表在网上，大家一起看。

在活动中，至少要求同一小组的学生同时进入同一个聊天室，为了便于交流和监控，全班同学最好都上同一个 BBS 站点。在教学中，由于学生的计算机水平严重参差不齐，打字速度不一样，同时要求全部交流都在网上进行，包括提交作文，谈出自己的观点等，因而有的同学写的作文和观点少得很，没有完全显示出整个活动的气氛。因此，我在后来的课时和班级中加了采用纸张的方法，将自己的观点写在纸上，以后整理成学习记录

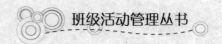

电子文稿交上来，最后进行了交流。

本活动中，感受最深的是如何组织学生积极参加到活动中来，避免在因特网上迷路，提高网络的利用。本活动课题开始没有考虑到学生计算机操作的差异性，有些学生没有网络聊天的经验，有些同学也没有 QQ 号码，因此，网络即时聊天不能进行。又加上现在申请 QQ 号码需要交费，因此活动设计中关于即时聊天这部分在实际活动中学生的参与度不高，这是活动设计中没有考虑到的。

七、专家评价

这节综合实践活动课，活动主题设计明确，结合中学信息技术网络基本应用而设计。在这次活动中，教师将学生的思维以及思考的观点全部通过网络展示出来，让同学们互相交流学习，促进了学生收集信息、处理信息能力的提高。学生思考出的问题结果通过 BBS 发表在网上，大家都能看到，起到了很好的交流作用。

活动设计充分发挥了网络的作用，培养了学生的信息素养，全面提高了学生收集信息、处理信息、得出结论的能力，增进了同学们的相互了解、相互合作，促进了交流，达到了综合实践活动课的效果。

【案例】

制作"奥运"宣传报

一、活动目的

1. 通过本次活动，让学生了解奥运知识，学会寻找、搜集、筛选有关资料，学会通过资料书写宣传材料。

2. 掌握利用文字处理软件来制作电子板报的方法，掌握各种编辑命令，掌握图文混排、艺术字的处理，了解特殊效果的处理，如水印、字体的动态效果等。

3. 认识知识产权及其意义，以及信息技术中的法律与道德。

二、活动过程

1. 教师提出本次活动的任务与要求：全班同学采取自由分组，每组 4 ~5 人，每组同学都要完成一份关于"奥运"的电子板报，最后将每组同学制作出来的板报打印出来进行评比。板报要求体现奥运体育的精神，应包含奥运会的起源及我国参加奥运会的坎坷历程。教师可以先用多媒体教学手段展示一份制作好的电子板报。

2. 小组内讨论，制订创作计划，合理分工。小组内成员根据所收集到的资料，确定本小组的创作计划、宣传主题、分级标题等。同时对本小组的人员进行分工（作者、编辑、版面设计师等）。

活动记录：（每小组一份）

活动记录 1

小组名称：_____ 组长：_____ 成员：_____

本小组的创作计划：_____

宣传主题：_____

分级标题：_____

此时，开展讨论时，引导学生思考研究以下两个问题：

（1）主题是否贴切，是否符合体育的现状？

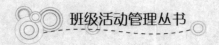

（2）制订计划时有什么困难，如何解决？

3．各组同学进行有关奥运知识的资料查找。学生全部在机房上网，教师讲解有关网络搜索引擎的使用。学生查找并收集有关奥运资料，并进行资料的筛选与整理。在这里，教师要注意教学生利用信息技术来查找资料的方法，以及网上的资料如何筛选与整理，并提醒学生注意：如果在报纸杂志上看到的有关好的资料，应选用什么方法实现这些资料的电子化。

学生活动指导：

（1）按照主题，从各个渠道搜集有关资料，自己动手编写一些宣传材料。

（2）筛选材料，根据版面大小确定入选的文章。

（3）从网上和杂志上收集一些与文章有关的图片，并保存为文件。

（4）创建分类文件夹，将所有的资料进行分类整理，并保存到分类文件夹中。

活动记录2

小组：＿＿＿＿＿ 组长：＿＿＿＿＿ 成员：＿＿＿＿＿

文章	来源	保存位置	图片	来源	保存位置	其他

在此阶段中，引导学生思考并解决以下两个问题：

（1）收集资料时，用什么方法最方便？

（2）有没有必要在以后制作的板报中注明资料的来源、引用出处？

4．各组编辑，设计版面，排版，制作电子板报。在此阶段中，教师应对学生进行使用文字处理软件的指导。制作阶段是本活动主题的重点内容，此阶段学生花的时间最长。

学生活动指导：

（1）在纸上草拟版面的布局、板块间的分割等。

（2）确定主标题，各板块题目的位置、字体形式、字号大小以及色彩的搭配等。

（3）确定图片的位置及大小以及图片所采用的形式。

在此阶段，可引导学生思考研究以下几个问题：图片可设计哪些效果？可否借鉴一些报纸的版面设计？如果采用，应作哪些方面的修改？能否在制作的板报中加入动画或声音？如果可以，怎么加？

5．作品的交流与展示。

各组将本组制作的板报打印出来后，然后拼接在一起，张贴在展板上进行交流展示。每组组长上台对全班同学进行介绍本组的宣传板报。教师做好活动总结。

6．学生的评价。

本活动主题的评价采用过程评价法，学生自评、互评，教师评，以及小组作品评价，主要关注学生在活动过程中的参与。

三、教师自评

在开始本活动前，文字处理软件 WPS 已经开始讲授了。于是，综合实践活动课就与信息技术课结合在一起。由于我既是信息技术课教师，

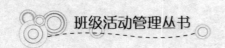

又是综合实践活动课的教师，因此，自然就想到把这两种课结合在一起，开展了本次主题活动。

本次主题活动前后花了4课时，2周时间。第一课时，向学生提出学习要求与目的和任务，并且由学生进行自由组合，然后讨论本组的主题及创作计划，并进行分工；第二课时学生通过因特网查找有关资料，并进行筛选整理；第三课时小组内合作制作；第四课时交流展示。

在学生的实际活动中，有的组在很早就完成了任务，也有的组到最后都还没有完成任务。本主题活动中，指导教师的监控最重要了。由于是在机房里上这个课，又开通了因特网，有一部分学生一开始就漫无目的地上网等，耽误了资料的收集时间以及制作。在学生一个任务完成后，教师又及时查看学生的活动记录（个人记录、小组记录）。教师的引导也相当重要，教师根据活动的进展，及时向学生提出一些信息技术知识与技能的操作问题，让学生在活动中将信息技术的技能学到手。

在本课题活动中，学生通过创作奥运板报，一是学到了知识，二是将文字处理软件的操作技能也学会了。学生通过资料的查找、筛选、获得、宣传资料的编写等获得了亲身体验。

四、专家点评

这节综合实践活动课，紧紧与信息技术课结合在一起。教师首先向学生提出学习要求，让学生进行自由组合，然后讨论本组的主题及创作计划，并进行分工，让学生通过因特网查找有关资料，并进行筛选整理资料，然后由学生自己得出结论，学生从中学到了自己想学习的东西。在整个活动中，教师的引导恰当，教师根据活动的进展，及时向学生提出了一些信息技术知识与技能的操作问题，使学生了解了许多信息技术方面的知识。在活动结束时，教师让学生展示作品，相互交流学习，充分体现了综合实践活动课程的理念。

班级活动与班集体教育

第六章　班级活动中的社区服务与社会实践教育

　　社区服务与社会实践作为班级活动中的重要组成部分，是学生走进社会、加深体验、养成习惯、收获人生的重要途径，是增强学生社会实践能力和培养学生社会责任感的重要学习活动，是教育为社会服务的重要体现和实现方式。

班级活动管理丛书

第一节　社区服务与社会实践的教育理念

一、社区服务与社会实践的内涵和特点

1. 基本内涵

社区服务与社会实践是指学生在教师指导下，走出教室，参与社区和社会实践活动，以获得直接经验、发展实践能力、增强社会责任感为主旨的学习领域。

社区服务与社会实践是学生服务于社会的同时，实现自身全面发展的一种公益性、主体性活动方式，它以获取直接经验和提高综合实践能力为宗旨，实现学校与社会教育的有机结合，帮助学生主动参与社会生活，了解社会、观察社会、体验社会、关心社会，培养学生的社会责任感，提升学生的精神境界和道德意识，完善学生的人格修养。

从最广泛的意义上讲，社区服务包含着对学校所在地的人的关心以及对社区的发展、地理环境、人文景观、物产特色、民间风俗等经济、文化和社会进步的关心。在服务社区的实践活动中，学生在付出的同时，更多的是收获，有活动的参与和成功的快乐，也有活动的艰辛和失败的挫折。活动中一次次酸甜苦辣的品尝，磨炼了学生的生活意志和道德意志，学会了与他人交流、沟通、合作，增强了对他人、对集体、对社区及整个社会的使命感和责任感，真正将学生的情感体验的获得与态度价值观的养成有

班级活动与班集体教育

机结合起来，实实在在地让学生服务社会、体验生活、感受责任，关注了学生作为"整体的人"的发展。

2. 基本特点

（1）实践性

社区服务和社会实践要求学生参与到实际的社会活动中去，开展各种力所能及的社区服务性、公益性、体验性活动，在关注他人、服务社会的实际活动中接触社会，了解社会。让学生在活动中领悟，在实践中顿悟，在创新中感悟。在活动中发现问题，体验感受生活，发展实践能力。

（2）社会性

社区服务与社会实践是学生以社会成员的身份，进入实际的社会情境，接触社会现实，参与各种社会活动，开展各种社区服务性活动，从而增强自己的社会参与能力。

（3）整合性

社区服务与社会实践是"整体的"，关注个人、社会、自然及其相互作用的整体世界，注重整合各个学科教学，增强学科间的沟通，让学生完整地认识世界，主动服务社会，形成健康的情感、态度和价值观。

（4）服务性和体验性

社区服务与社会实践活动主要是指为社会成员进行的生活服务、家政服务，参与学校管理或社区管理，参与社区或地方的各种公益劳动、义务劳动等。学生在服务和实践的过程中，学会交往，学会合作，学会欣赏，学会关爱，体验活动中的酸甜苦辣咸，感受社会环境中的真善假丑恶，养成良好的生活习惯和健康的生活态度，增强学生的公民意识和社会责任感。

社区服务与社会实践活动的开展，不仅服务了他人，服务了社区，更

第六章　班级活动中的社区服务与社会实践教育

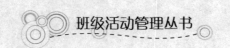

重要的是学生在社区或社会活动中根本地转变了学习态度和学习方式，更深刻地理解了课程价值。让学生在亲历帮助他人，贡献社会的体验活动中，感悟自己所从事的服务性活动的价值，将学生情感体验的获得与态度价值观的养成放置于社会大背景中，形成强烈的主人翁意识和社会责任感。这是社区服务与社会实践学习领域所追求的最高理念。

二、社区服务与社会实践的基本理念

社区服务与社会实践作为综合实践活动的一个领域，积极倡导突出学生的主体性，面向学生生活，注重学生实践，强调活动总和。在这一领域内，能较好地实现综合实践活动四大基本要素的整合，能较好地加强学校同社会、教学同生活的联系，真正让学生超越书本，超越课堂，面对自然、面对社会、面对自己的生活和经验，找到适合自己的学习方式和探究方式，在亲历实践活动中获得真切的体验，深化对自然、对社会、对自我的认识，发展综合的实践能力。

1. 改变学习方式，拓展发展空间

新一轮基础教育课程改革的价值取向就是"一切为了学生的发展"。因此说，我们的学校要把服务于学生的发展作为一切目标的基础，要把学生的发展置于比课堂、比学校生活更大的社会背景之中，把学生的学习场所从学校拓展到社区乃至整个社会，使学生的学习方式从被动的接收学习转向主动的探究和发现，将课堂知识学习和社会体验学习结合起来，使学生学习渠道多样化，学习方式生活化，彻底改变学生的学习方式。为此，学校要加强教学与社会、与生活之间的联系，把学生的学习置于社会实践和社会服务之中，在发展学生个性、提高教育教学质量的同时，促进了社区的建设和发展。

在社区服务与社会实践活动中，学生的学习空间由课堂拓展到了社会，学习资源由书本拓展到了生活，学习活动也由书本知识学习的理性认

班级活动与班集体教育

识拓展到主动参与、亲历实践的感性认识，实实在在地将以教材为主的知识学习与生活为主的体验学习有机结合起来，把以掌握知识为主的教学目标转化成形成积极的情感态度价值观和健康充实的生活态度为主的教学目标，帮助学生走进自然，了解社会，形成科学的价值观和服务社会的责任感。

由于学生在社区服务与社会实践活动中的耳闻目睹和亲身体验，拉近了学生生活与社会大环境的距离，在服务社会，关注他人的同时，把在学校、在课堂上学到的知识运用于生活实践中，在自主建构的主题实践活动中，学生的创造力和综合实践能力得以发展，改变了"高分低能"的知识结构，发展成为一个个真正的社会人。

2. 参与社会实践，增进生存体验

学生需要以认知为主的学习，也需要以体验为主的学习。让学生自主而创造性地走入社会，参与实践活动并由此获得深刻的生存体验，是有效实施社区服务与社会实践的关键。作为学生，他们不满足于书本知识和学校课堂的学习，在他们的世界充满着跃跃欲试的激情，企盼尝试、体验和展示，渴望在社会大环境中体现自己的价值。因此，学生在社区服务与社会实践活动中，更能发挥其自主性和创造性。在尝试扮演一种角色，体验一种生活，加深一份感受，获得一份经验的活动中，感受到劳动的艰辛，体会到付出的甘苦，也能进一步理解什么是幸福，懂得怎样去珍惜。因此，学校要加强教育与生活的联系，加强学生与社会的联系，彻底改变沉闷的课堂教学缺陷，有目的、有计划地开展社区服务与社会实践活动，让学生的学习生活更充实、更有趣、更有意义和更富创造性，使教育更好地落实培养鲜活的人的教育理念。

3. 主动服务社区，形成社会意识

学校教育的重要职责，是要促进学生全面和谐发展，培养学生成为好公民，认识到自己对家庭、社会和国家的责任，形成强烈的社会意识。学校不但要使学生通过教育充分发挥他们的潜能，还要鼓励学生服务社区，

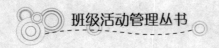

服务国家。

　　社区服务与社会实践的根本价值在于促进学生综合实践能力、探究能力以及社会责任感等情感、态度和价值观的发展；在于培养学生掌握系统的科学理论知识，有强烈的创新精神、社会适应能力及较强的社会责任感和良好的公民素质的一代新人；在于建立课堂与生活、学校与社会的联系，积极创设一个真正的学习化社区氛围。这一活动领域，把学生获取的社会知识、社会经验和掌握服务社会的本领作为学生发展的中心，让学生通过自主、合作、探究等多样化的社区服务和社会实践活动，形成负责的社会观念，学会基本的服务社会的方法，使学生在认知、情感态度和能力等领域全面、和谐发展。

第二节　社区服务与社会实践的教育目标及内容

社区服务与社会实践的最根本的特点——社会性——决定了其基本的活动形式是在特定社会或社区情境中展开的以一个或多个主题方式呈现的社会调查、社会考察、社区公益性服务活动。由于社区服务与社会实践活动面向学生的整个生活世界，它随着学生生活的变化而变化，其课程内容具有社会性、开放性、灵活性和多样性；而不同的地方、学校，有着异质的文化特色、独具的课程资源、不同的地理环境。根据社区服务与社会实践内容的诸多特点，各地可结合当地的实际情况和自己的实际条件，以主题活动的形式开展各种服务性活动和实践性活动。

一、教育目标

1. 服务社区

通过服务社区的活动，使学生熟悉社区在地理环境、人文景观、物产特色、民间风俗等方面的特点，继而萌生亲切感，并懂得爱惜、保护它们；使学生经常留意社区中人们关注、谈论的问题，并能学会综合而灵活地运用学过的知识加以解决，从而掌握基本的服务社区的本领，形成建立良好生活环境的情感和态度；使学生在服务的过程中学会交往、合作，懂得理解和尊重，形成团结意识和归属感，增强服务意识和责任感。

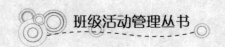

班级活动管理丛书

2．走进社会

通过进入社会情境，接触社会现实，参与各种社会活动等途径，使学生理解社会基本运作方式、人类生活的基本活动，积累社会生活经验；理解社会规范的意义，并能自觉遵守维护社会规范与公德；在社会实践活动中形成并增进法制观念、民主意识；在实践中发展社会参与能力，形成参与意识和较强的公民意识。通过参观、考察和应用，懂得科学技术与日常生活、社会发展的关系，形成正确的科学观。通过接触不同国家、不同民族的文化，懂得理解、尊重和欣赏世界多元文化。

3．珍惜环境

通过和大自然的接触，领悟大自然的神奇与博大，懂得欣赏大自然的美，对大自然充满热爱之情。通过观察、考察身边的环境，领悟到自己的生活与环境息息相关，加深珍惜环境的情感。通过保护环境的活动，懂得人们的生产、生活对环境的各种影响，熟悉环境保护的常识，掌握基本的技能，并能综合运用所学的知识解决环保中的一些问题，自觉地从身边小事开始，关注周围、社区、国家乃至世界性的环境问题，并养成随时随地保护环境的意识和习惯。

4．理解他人

通过和他人的接触、交流，学会理解他人的生活习惯、个性特点、职业情况，懂得尊重人，体谅人。通过体验个人与群体的互动关系，懂得他人和社会群体在个人生存与发展方面的重要性，体验关怀的温暖，对他人的帮助心存感激。通过与人交往、合作，形成团结、合作的精神。经常留意身边需要帮助的人，自觉而乐意地为他们服务，掌握志愿服务的有关知识和技能，对他人富有爱心，使学生在与那些受益者的接触中，获得意义深远的体验、感受和满足。

5．善待自己

通过各种活动感悟生命的奥妙、意义与价值。发现自己的优点和弱

班级活动与班集体教育

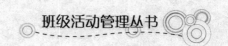
点，知道如何发挥优势、弥补短处。能够了解自己的情绪，并能用适当方法控制和调节自己的情绪。进一步适应各种社会角色，正确理解个人价值。通过各种锻炼活动，掌握安全生活的常识，能够在危难中自救与求救，养成对自己生命高度负责的态度。懂得自己的权利与义务，能够学会用法律保护自己。在活动中养成良好的生活习惯和健康乐观的生活态度，愿意为创造更美好的生活而不懈努力。

二、内容选择的要求

1. 充分考虑学生特点

中小学生的身心发展尚未完全成熟，对问题的看法还不那么全面，许多事情往往凭着好奇、冲动。选择内容时，要考虑学生的身心特点、知识背景以及学生的实际能力、对社区的作用等方面的问题，要有助于学生的积极参与，有利于学生的健康发展。

2. 紧密联系社会生活

内容的选择要根据课程目标与课程内容的五大领域，着眼学生身边的生活世界，从学生熟悉和关注的社会生活问题入手，结合学生自身的特点与当地条件，力争体现社区的人文环境、物产特色、民间风俗及社区的政治活动、经济活动、文化活动等。反映社区中人们关注的问题，把学校教学与社会生活紧密联系起来，切实让学生走进社区，服务社区，接触社会，认识社会，丰富自己的社会阅历，让学生面对生活，亲历生活，丰富自己的生活经验，同时获得对物质文化和精神文化的体验和感悟，享受探究的乐趣、生活的愉悦，增强社会责任感。

3. 充分体现以人为本

活动内容的选择、活动主题的确定，要充分体现以人为本。在关注学

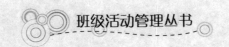

生的年龄特征、学生的经验与兴趣、学生的现实生活的同时，要充分尊重学生的生活需要和自主选择，以学生的兴趣、需要和能力为内容选择出发点，由学生自己组织开展一系列活动，获取掌握解决实际生活问题的知识和能力。

4. 有机整合学习领域

社区服务与社会实践作为综合实践活动课程的有机组成部分，在选择内容和组织实施时，既要加强学科知识间的融合，又要突出其实践性，既要保证服务社区和社会实践活动的落实，又要妥善处理好与其他三个领域内容（研究性学习、劳动与技术教育、信息技术教育）的整合，把握综合实践活动各指定领域共同的价值追求和内在联系，注意各指定领域内容之间的相互渗透和延伸，实现学科领域和活动领域目标内容的重组、综合与拓展，保证活动的社会性、实践性和实效性。

5. 立足社区学校特点

选择活动内容时，要因地制宜，充分考虑本校、本地的实际情况，考虑活动的指导者、活动的场所等活动条件，明确当地可利用的教育教学资源有哪些，活动条件有哪些局限性等问题，适时挖掘蕴含于社区的课程资源和研究课题，既注重了活动的本土性，又体现了活动的地方特色，既将活动与地方课程结合起来，又确保了活动实施的可行性。

三、主要内容

适用于中小学生的社区服务与社会实践活动是十分丰富的。尽管具体活动内容可能会呈现出许多不同的特点，现实中开展的社区服务与社会实践活动大体上仍然可以区分为以参观、考察为特点的体验性社会实践活动，以服务他人和义务劳动为特点的公益性社会实践活动和联系社区自然和人文内容进行的探究性社会实践活动等三种基本类型。

1. 体验性社会实践活动

所谓体验性社会实践活动，泛指组织学生参加的各种访问、参观以及对社会各行业作初步感知和了解的调查活动。新课程实施前，许多学校即已普遍开展了多种形式的体验性实践活动，并积累了相当丰富的经验。如今，将这一类活动纳入综合实践活动的领域，提升到"依法施教"的高度予以审视，更加强调了这一活动在青少年成长过程中的地位和重要性，要求学校能够更有计划、有目的、更加自觉地予以规划和实施。

着眼于儿童发展的需要，组织学生就近参加各种体验性社会实践活动，可以依社区或学校周边提供的教育资源，如自然景观、历史文化遗存、科技园区和科研院所，以及工矿企业、农村场站、部队、机关等进行实地参观学习、调查访谈，还可以引导学生就当地社会生活和社会现象中涌现的典型人物与热点问题展开广泛的讨论。这一类活动，不但会增进学生对其生活背景下的自然、社会和各种文化现象的认识和理解，而且学生通过进入社会情境，接触社会现实，实地参与社会各种活动，对拓展他们的社会视野，丰富社会经验，发展社会参与能力，形成社会参与意识和公民意识，提高社会适应能力等都具有非常重要的意义。

2. 公益性社会实践活动

公益性社会实践活动主要包括社区服务和各种义务劳动，大多可以通过组织学生参与各类志愿者活动的方式予以实施。活动在加强学校和社区联系，形成学生的良好道德品质和社会责任感方面具有极大的教育价值。

社区服务多属于义工和志愿者服务性质，学校要有意识地组织学生投身于关心和服务身边弱势群体的活动。在敬老、助残和家政服务等活动中，帮助学生学会倾听、学会同情，培养爱心和奉献精神。还应注意通过服务社区的活动，引导学生了解和掌握志愿服务的相关知识和技能，并帮助他们学会综合而灵活地运用学过的知识解决问题，主动地把知识转化为服务社区的本领，形成建立良好的生活环境的情感和态度。

学校需要充分发挥自己在社区内的文化和教育优势，履行超出课堂范围的建设和服务社区的义务，积极地、有意识地组织师生参与社区的科技

第六章 班级活动中的社区服务与社会实践教育

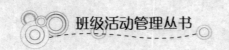

教育、环境卫生、文化艺术等各方面的活动，促进和谐社区的建设。组织学生切实投身于社区和社会发展的实践活动，对于学生的成长和发展尤具有积极的意义。

在社区服务和社会实践活动中安排学生参与力所能及的生产劳动，可以组织学生学工、学农和学商等，在有条件的时候，还可以和劳动与技术教育的内容结合进行，如果能与学校周边工、农、商等相关单位协商制定协作服务方案，由学校组织学生有组织地到协作单位参加劳动和学习，则更容易取得良好的教育效果。

3. 探究性社会实践活动

社区服务和社会实践作为综合实践活动课程的有机组成部分，在引导学生联系社区和社会的实际，开展各种体验性和公益性的社会实践活动的过程中，必然会遇到学生们感兴趣，而在一般情况下又难以解决的自然或社会的问题，诸如学校所在社区或周边地区的地理环境、人文景观、风俗习惯、历史沿革，以及影响当地人们的生活或当地历史发展进程的某些关键性的问题等。上述问题的解决，大多情况下都不是仅仅通过一般性的参观、访问等就可以解决得了的，这就有必要有选择地对它们分门别类进行专项研究。

开展社区自然或人文的探究活动，不仅会将学生们接触自然、了解社会的实践活动引向深入，帮助和引导他们在了解和探究自然和社会的过程中，深入领略自然的神奇和博大，领悟人类社会发展和自然环境息息相关的道理，形成保护环境的意识，理解社会生活的复杂性和社会规范的必要性，从而增进法制观念和社会责任感。而且，从社区和周边的社会生活和自然环境中进行选题研究，通过自己的思考提出问题，用自己的知识解决问题的过程，实现对社区和社区人群的服务的愿望，更容易激发学生勇于融于社会，主动认识社区，形成人与自然和谐发展的观念，培养尊重自然、服务社会、珍惜环境、关爱他人、善待自己的情操和素养。

第三节　社区服务与社会实践活动的组织

社区服务与社会实践活动没有传统的教材为依托，没有固定的上课地点，没有统一的教学内容，没有现成的实施模式，学生在真实的生活中，面对社会，亲历生活，参与社会，服务社会。因此说，开放性和公益性是社区服务与社会实践的基本特征。这一特征，要求我们彻底改变传统的做法，摆脱书本的束缚，根据学生的需要、社区环境的特点，密切联系学生的生活实际和社会实际，开发活动内容，引导学生关心书本以外、教室以外、学校以外的事情，适时走向社会实践活动之中，在大自然和人类社会的大天地中学习和发展，及时运用所学知识服务社会，报答社会。

一、活动设计与实施的原则

1. 亲历性原则

教师应利用各种物质条件、精神条件，通过多种途径为学生提供具体的现实的情境，改变学生单一的学习方法，拓宽学习空间，让学生走出课堂，置身于广阔的大自然和丰富的社会生活中，亲自接触和感知各种人和事物，使他们通过亲身经历、实际操作与活动来获得探究问题、与人交往的能力以及正确的情感、态度与价值观。

2. 自主性原则

教师应根据本课程的目标和特点自主选择教学内容和活动场所，自创组织形式和教学方法，教师应认识到自己既是课程的执行者，更是课程的开发者和设计者。教师要关注学生的主体意识，让学生有更多的机会自己去活动、体验乃至创造，使其享受探究的乐趣、活动的愉悦、服务的充实，获得生存体验，增强服务意识，形成对自己、对他人的责任感和对社会的使命感。

3. 协同性原则

由于活动的开放性、跨学科性、主题性等特点，课程的实施既要求学校各科教师共同协作，又要求学校教师与社会各界人员（如家长、社会有关机构的工作人员等）相互配合，学校、家庭和社会形成合力，协同完成教学任务。学校应善于协调各方人员的关系，调动各方积极性，共同发挥作用。

4. 整合性原则

教师要注重帮助学生形成对自然、社会、自我等内在联系的整体认识，发展学生对所学知识的综合运用能力；学校要注重以社区服务与社会实践为切入点，统整研究性学习、劳动与技术教育及信息技术教育，整合性地实施综合实践活动课程。

二、活动主题设计的具体要求

社区服务与社会实践活动主题的设计与实施，实际上是对地方和学校课程资源重组与整合的过程。因此，各地各学校要充分考虑当地的实际情况适当设计活动主题。

1. 活动主题的设计要体现以人为本

社区服务与社会实践活动主题设计需要遵循一定的规则，才能保证其实效性。活动主题的确定不能考虑教师需要教些什么，学生应该学会什么，而要研究学生关心什么，对什么感兴趣，学生能从活动中得到些什么，等等。也就是说，活动主题的选择，要来自学生的需要，以学生的发展为根本展开学习活动，关注学生的年龄特征，关注学生的经验与兴趣，关注学生的现实生活。

学生在不同的年龄阶段有着不同的生理、心理特征和学习需求，活动主题的设计要与学生不同年龄段的生活经验、认知能力和生活需求密切联系，"将社会、生活、自然、文化在各阶段以整体的形态影响学生活动的水平"。在此理念的基础上，还要考虑学生的兴趣与爱好，考虑学生的生活经验，力争活动主题基于学生的生活又高于学生的生活经验，尊重学生的兴趣、爱好，又能关注自然、社会现实，让学生的学习经验和生活经验在活动中不断提升，进而提高学生参与活动的能力和探究欲望，发挥活动的实效性。

2. 活动主题的设计要以课程目标为依据

社区服务与社会实践活动应根据课程目标进行设计，要将知识与技能、过程与方法、情感态度与价值观三维目标真正落实于活动之中，丰富学生的知识学习和生存体验，促进学生全面和谐的发展。

3. 活动主题的设计要为学生提供充分的活动空间

活动设计要为学生创设有利于自主活动的条件，提供充分的自由活动的空间，尽可能地让学生走出课堂，参与丰富多彩的社会活动，在活泼多样的主题活动中主动实践和亲历体验，让学生在实践中学习、在生活中学习、在应用中学习，满足学生成长的需求和社会发展的需要。

4. 活动主题的设计要突现与各科知识及其他领域的整合

社区服务与社会实践作为综合实践活动四大领域之一，要做好与研究

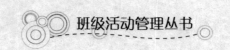

性学习、劳动与技术教育等各指定领域的整合，努力体现课程理念和活动的宗旨。

以开放性、实践性为最突出特征的社区服务与社会实践活动，是整合各学科领域的载体，又是各学科领域知识重组和拓展的基地。因此，活动主题的设计，既要重视学生的学科知识基础，又要避免学科知识的倾向，要围绕主题整合各科知识，提高学生综合运用知识解决实际问题的能力。

5. 活动主题的设计要考虑课程资源的可利用性

活动主题的设计要针对地域特点，充分考虑课程资源的可利用性，根据学校各种设施、环境、文化、师资、学生和社区自然环境、机构、设施、经济状况、人员状况、家庭状况以及有关的国内课程资源、国际课程资源来设计活动主题，充分利用和调动社会各界的力量，发挥每一个学生的智慧和能力，适应和满足每一个学生的不同需求，把活动开展得扎实有效，丰富多彩。

三、主题活动选题的方法与策略

社区服务与社会实践活动是以学生生活经验为基础，以社区资源为依托，以主题活动为基本方式的活动，包括以社会考察为主的体验性学习活动和社会参与为主的实践性学习活动。活动中，要求学生通过调查访问、实地考察、社会参与等活动方式，进行自主学习、探究学习、合作学习和体验学习，在活动中体验生活，了解社区，不断发展创生课程内容，不断提出新的研究问题，产生新的活动主题。

1. 引导学生从生活经历中选择活动主题

活动主题的确定，要与学生生理、心理协调，从学生的社会生活入手，要具有启发性、趣味性和实践性。教师要鼓励学生多观察生活，多问"是什么"、"为什么"、"怎么样"之类的问题，善于在生活中发现问题，

提出自己认为有意义的活动主题，逐步培养学生的问题意识。在学生各自提出自己的问题后，教师创设机会让这些学生谈出问题确定的理由及活动构想，组织全班学生对问题活动的可行性展开讨论，指导学生自由结合活动小组，制定活动实施方案，按分工要求开展活动。

2. 引导学生进行社会调查，在实践情境中选择活动主题

组织学生开展社会调查是了解社会、发现问题的有效途径。学生对事情的认识水平有限，对社会生活中的现象好奇，感兴趣，但又不知从何入手，如何确定主题并开展活动。因此，教师要注意了解学生的所想，引导学生开展社会调查，在调查活动中，学生可能会发现自己好奇的现象和不良的社会问题，从而引出活动主题。如让学生对自己生活的居民小区公用设施进行调查，了解小区内雨道、绿地、花草、电话亭、休息椅、垃圾箱等公用设施的使用情况并做好记录。调查活动结束后，组织学生对调查情况和记录的材料进行交流分析，展开讨论，并提出问题。

3. 从社会关注的热点问题或学生遇到的突发事件入手，确定活动主题

在教育教学活动中，教师要善于捕捉社会热点信息，引导学生从中展开讨论，发现问题，提出活动主题。如"中学生迷恋网吧"是社会比较关注的热点问题。针对这一问题，可以引导学生展开调查、走访，也可以给学生提供一些资料、信息，帮助学生正确地分析这些信息和自己调查的资料，激发学生产生问题意识，确定活动主题。

4. 根据特别月份、特别季节确定活动主题

在学生的学习生活中，每一个年度都要经历好多的节日，在教学中，教师可以围绕这些特殊的节日，组织学生开展特别的活动，如让学生走近一位劳动模范，走访一名劳动奖章获得者，为社区植下一棵"爱心树"，开展一次服务社区的实践活动等，让学生在这些特殊的主题活动中，了解节日的由来及意义，了解不同地区的节日习俗等，并由此引申出更多的研

第六章 班级活动中的社区服务与社会实践教育

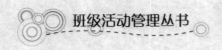

究问题，深化主题活动。

5. 以增强活动的整合性为基点，从综合、延伸、重组学科知识入手，确定活动主题

"世界具有整体性"。学生作为一个完整的受教育者，在参加社区服务与社会实践中，既要关注个人、社会、自然，又要注重各个学科学习的整合。因此，将综合实践活动的指定领域和非指定领域加以有机整合，引导学生综合、延伸、重组学科知识，打通社会实践活动与学科的学习活动，从而拓宽活动内容的领域，丰富活动主题的开展。

第四节　社区服务与社会实践的实施过程

社区服务与社会实践活动主要是以社会考察为主的体验性学习活动和以社会参与为主的实践性学习活动，没有统一的学习内容和固定的实施模式。从课程的实施情况来看，其过程一般包括确定活动主题、制定活动方案、组织具体实施、总结交流经验等环节。

一、社区服务与社会实践活动实施的一般过程

1. 以社会考察为主的体验性学习活动实施过程

社会考察是社区服务与社会实践活动的主要方式之一，是引导学生认识社会、服务社会的有效途径。通过考察、参观、调查、访问等活动方式，发现学生对现实社会生活感兴趣的问题，进一步分析、研究。其基本过程包括：

（1）提出或选择社会考察、参观、访问的主题。

（2）提出活动目标，制定活动方案。

根据活动目标，确定社会考察、参观、访问的地点、对象、时间、小组成员及其分工、活动的初步计划，并由学生自己制定考察、参观、访问的活动方案。

（3）与考察、参观、访问的对象取得联系，商讨确定活动的具体日程安排。

（4）根据活动的初步计划，准备必要的活动设备，如照相机、话筒、录音设备等。

（5）进行实地考察、参观、访问活动，收集资料。

（6）分析资料，撰写活动报告。

（7）交流考察体会，汇报活动情况，完成活动总结。

2. 以社会参与为主的实践性学习活动实施过程

社会参与的实践性学习活动同社会考察、参观、访问一样，都是走出教室，走进社会，但它更为重要的是学生亲历实践，直接参与，在参与社区和社会实践活动中，获得直接经验，发展实践能力，增强社会责任感，主要包括社区服务活动、劳动与家政等。

其活动实施的基本过程为：

（1）明确社区服务的活动项目。学校和教师结合社区背景，根据学生特点，在社区调查或考察的基础上，确定社区服务的活动项目。

（2）确定社区服务的目的和活动对象。具体提出社区服务活动的目的，确定社区服务的活动对象或活动领域。

（3）与社区服务对象或机构取得联系，制定具体的活动时间和活动方案。

（4）实施社区服务。根据社区服务活动方案，展开具体的社区服务

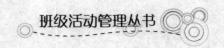

活动。

（5）社区服务活动的总结。总结并交流社区服务活动的体验和感受。

二、社区服务与社会实践活动实施的具体步骤

社区服务与社会实践活动具体的实施步骤大致分为三个阶段：开题阶段、实施研究阶段、总结交流阶段。

1．开题阶段

学校和社区结合社区背景，根据学生的特点和个人的自选活动主题，在社区调查或考察的基础上，提出或选择活动主题，提出活动目标，组成主题活动小组，并由学生自主制订开题报告，确定社会考察、参观、访问的活动方案。这一阶段，教师要做好以下几方面的指导：

（1）指导学生确定活动主题

在学生自主选择主题或教师适当提供一些学生感兴趣的事物或社会关注的焦点供学生选择时，教师要给学生说明选题应注意的问题，如选择自己有兴趣的课题，不能人云亦云，随波逐流；要根据自己的能力、客观条件可以进行研究的；所选主题应关注周围的事物或社区、社会所关注的问题等。另外，学生初选活动主题后，教师指导学生论证选题，确定合理可行的活动主题时，既要尊重学生的意见，还要考虑社会的实际和学生的能力，着眼小题目，做出大文章，坚决杜绝大而空且危险性较大的活动主题的确定。

（2）指导学生合理组合小组成员

活动主题确定后，围绕主题活动的不同侧面，学生可以自选感兴趣的问题进行研究。活动小组成员原则上是学生自己选择，但教师应在尊重学

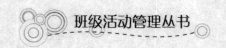

生选择的基础上，适当加以合理调整（从学生的活动能力、男女搭配等方面考虑），使每个小组之间的力量尽可能均衡，保证每个小组活动的顺利开展和互助合作。

（3）指导学生制订活动方案

制订科学合理的活动方案是活动顺利开展的必要前提和重要保证。大体包括：活动主题、活动成员、指导教师、选题的理由、活动的目标、活动实施步骤、预期活动成果及表达形式等。制订活动方案时，要注意以下几个问题：

①活动方案的制订，要力求具体细致，活动时间、人员的组成与分工及活动目标的制订要科学合理，保证活动的科学性和实效性。

②活动方案的制订，要确保活动的可行性。教师要从学生、学校、社区及调查的单位、走访的对象等多方面的实际情况考虑，对活动方案进行把关，给予相应的指导，使学生的活动能够深入开展，教师的指导落到实处。

③活动方案一般有表格式和文本式两种形式。学生可以选择自己的喜欢的方式制订自己的活动方案。

总之，社区服务与社会实践活动方案的制订，要放手让学生去自主讨论制订，开展哪些具体活动，如何开展活动，活动中如何分工又如何合作等问题，都要充分尊重学生的自主性和主体性，给学生留下想象与发展的空间，为学生搭建展示自我的平台。

2. 实施研究阶段

活动方案交流、调整、通过后，各活动小组转入主题活动的重要环节——实施研究阶段。在这一阶段，各活动小组的学生必须按照各自的分工进入实际的社会活动，展开实质性的考察、参观、访问等活动，获取真实的第一手材料；还要花大量的时间、精力，收集资料；有的选题还要设计调查问卷、采访提纲，要与考察、参观、访问的对象多次取得面对面的交流和磋商，获取丰富的素材和合理化的建议，更重要的是获取课堂学习中

不可能有的社会活动和亲身体验。

活动的实施研究阶段，教师要适时进行有效合理的指导，督促活动方案的落实，确保活动的顺利进行。

（1）学生搜集资料的指导工作

学生通过多种方式开展活动，收集有关的资料，然后对资料进行分析、研究，在此基础上提出问题、解决问题。就资料收集来说，途径很多，针对主题活动来确定什么阶段选择什么方式收集资料，对学生而言，很难把握。教师要及时指导，引导学生在活动前多看书、看报、上网，获取资料，活动过程中要自己观察、调查、访问获取资料。另外，教师要为学生提供必要的资料支持，如提供一些具体的书目、网址和准确的图书分类情况等，教给学生一些必要的收集资料的方法，如文献资料查找法、网络资料查找法、调查访问获取资料法等，有效地指导学生灵活多样地收集所需资料，培养学生收集、处理信息的能力。

（2）指导学生及时、灵活地运用多种手段记录活动情况

实践活动中，学生进行不同方式的探究学习、体验学习、合作学习，期间会遇到很多棘手的问题和深刻的教训及成功的体验，教师要指导学生采用多种手段，选择自己喜欢的方式方法，如活动日记、采访录音及摄影等，及时真实地记录下活动情况和个人的活动感受，获取活动的第一手资料，为活动的总结提供资料依据。

活动实施过程中的资料，不管是学生查阅收集的大量资料，还是亲历实践活动获取的第一手资料；不管是活动记录、活动日记、调查问卷等文本性资料，还是录音带、光盘等音像资料及标本、模型等实物，都是活动过程的真实记录，是为活动论证、总结规律、得出结论、撰写各种报告提供重要的证据。因此，要指导学生做好资料的积累和保存工作，建立活动资料档案袋，分门别类地整理好、保存好。

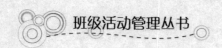

（3）指导学生学会有效地合作

我国中小学综合实践活动课程的总体目标特别强调，让学生"养成合作、分享、积极进取等良好的个性品质"，"要求学生在综合实践活动中养成合作意识、民主意识、科学意识、环境意识，善于交往，学会与他人共同生活"。综合实践活动作为新一轮课程改革的亮点课程出现，活动内容、组织方式、学习方式都有了根本性的变化，社区服务与社会实践作为综合实践活动四大领域之一，其主题活动的深入开展，单靠个人的努力拼搏是很难进行的，小组合作学习将成为活动中最常见、最主要的学习方式。在这样的学习过程中，学生要由独立的个体转化为密切合作的伙伴，活动中的小组成员明确分工且相互协作，完成在小组共同任务、共同目标统一下的成员个体活动、集体活动、交流信息、分享成果的团队合作探究活动。

活动中，小组成员常常会出现这样一些现象：有的组员习惯于单干，不与其他同学合作，缺乏交流；有的成员热情高涨，活动积极性较高，常包办代替其他同学的活动任务；也有的成员活动不到场，参与积极性不高，听之任之，缺乏主见等。因此，教师要对活动的过程进行全面的监控，经常与小组成员讨论交流活动中的新问题及解决方法，让学生在集体解决问题的过程中感受到团队的力量，学会理解他人，体会合作的快乐，增强合作的意识；引导学生用科学的态度开展活动，处理个人和集体的关系；适时渗透团体利益，促使每一个成员把个人与集体捆绑起来，在活动过程中更多地考虑活动小组的集体利益。

（4）指导学生处理活动中的生成性问题

尽管主题活动开始前都要制订周密的活动计划，有具体明确的分工及活动步骤，但这只是一个预定方案。随着主题活动的开展，会出现一些预料不到的事情，加之学生的认识和体验不断深化，创造性的火花不断迸发，新的目标、新的问题、新的价值观不断生成。活动的深入开展和学生的自我生成与建构的过程，将活动引向新的领域，产生新的活动主题。教师要根据活动的实际情况和需求，及时调整活动方案，对于学生在活动中发现的新的有意义的主题，要引起高度重视，保护学生积极性的同时，鼓

班级活动与班集体教育

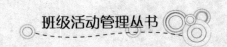

励学生对自己感兴趣的、有意义的、而且有条件研究的主题活动继续深入研究下去。

（5）帮助学生协调各方面的关系

社区服务与社会实践活动要求学生走出学校，走进社会，亲历活动，体验活动。要想从真正意义上让学生走出校门，走进社会，让学生开展真正意义上的实践活动，离不开社会各界的配合、学校的支持、家长的理解和帮助。因此，活动中，教师要及时与家长沟通交流，争得家长的理解和帮助，及时帮助帮助学生争得社会的支持，扫清活动中的障碍，构筑起家庭、学校、社区共同支持、共同教育的桥梁，为孩子铺设求知的阳光之道。

3. 总结交流阶段

在一个主题活动结束后，都要进行总结交流，通过灵活多样的形式（如研究报告、活动专题展板、网页等）展示活动中的成果与经验，交流活动中挫折与教训。这种交流，可以在师生之间、学生之间、组与组之间进行，也可以跨年级、跨班级进行，让学生在交流中学会欣赏别人，学会欣赏自己，再一次感受成功的快乐，获得情感、态度、价值观的升华。在这一阶段，教师的指导作用是非常重要的。可以从以下几个方面进行：第一，指导学生整理活动成果，撰写活动报告；第二，组织学生进行成果交流；第三，总结评价要突现活动过程。

第六章　班级活动中的社区服务与社会实践教育

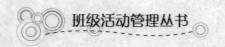

第五节　社区服务与社会实践活动实施案例

【案例】

环保小卫士

一、活动目的

1. 经历分类清理垃圾的过程，感悟分类方法的多样性。

2. 尝试用数学的眼光观察与思考事物，经历提出问题、解决问题的过程。

3. 培养学生的合作意识、环保意识与社会责任感。

二、活动准备

1. 全体学生收集各种废旧盒子、瓶子、电池等物品。学生通过各种渠道调查与了解环保知识。

2. 部分学生清理磁器口江边的垃圾，并录像。

三、活动过程

1. 创设情景

师：同学们，想出去玩吗？就让我们出去玩一玩，看一看。看，这是哪儿？

（录像：磁器口嘉陵江边风景。蓝蓝的天空，层层叠叠的青山，高低错落的房屋，徐徐前行的船只，清清的江水，圆圆溜溜的鹅卵石……塑料的、纸的、金属的垃圾，废弃的电池散落在江边）

生：我去过，这是磁器口，嘉陵江！嘉陵江，我在那儿坐过船，好多的鹅石板……哇，有垃圾，好恶心哟！

师：这就是磁器口的嘉陵江边，谁去过？你在这儿看见了什么？

生：在磁器口的嘉陵江边，有山，有水，有漂亮的鹅卵石，还有不想见到的垃圾。

2. 清理垃圾

（1）拾垃圾

师：这么多的垃圾，怎么办呢？

生：把这些垃圾捡起来，送到垃圾站去。

生：把有用的卖给收废品的，其他的挖坑，埋掉。

生：我们全班同学一起去，把它们捡起来，再集中处理……

（录像：几个小朋友在江边，戴着手套，拿着口袋，拾垃圾）

师：他们就是环保小卫士，正在拾垃圾。你们想当环保小卫士吗？好，今天我们所有的小朋友都是环保小卫士。

第六章　班级活动中的社区服务与社会实践教育

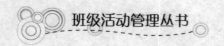

（2）分类

师：这么多的垃圾全放在一个袋子里，好不好呢？怎么办呢？

多媒体展示：红色易拉罐、橙色乒乓球、绿色纸杯、红色纸烟盒、白色塑料管、橙色电池、蓝色方纸奶盒、绿色纸药盒、橙色的橙汁瓶、绿色易拉罐、蓝色方形水彩盒。（注：学生收集的"垃圾"是一些干净的废弃物品）

生：要给这些垃圾分类。

（小组活动，用自己喜欢的方法，给"垃圾"分类）

（学生分组展示）

组1：我们是按颜色分的，把红色的放在一起，绿色的放在一起，白色的放在一起。

组2：我们是按大小来分的，大的分为一类，小的分为一类。

组3：我们是把长方体形状的分在一起，圆柱体形状的放在一起，球形状的放在一起。

组4：我们是把纸的分一类，金属的分一类，塑料的分一类。

组5：我们把空心的分在一起，实心的分在一起。

……

（教师用多媒体演示前3种分法）

（3）投放垃圾

师：为了让垃圾得到更好的回收与利用，今天我们按材料来分。老师这里有4个垃圾桶，第1个是装塑料的，第2个是装纸的，第3个是装金属的，把废电池单独放在第4个垃圾桶中。（教师摆放垃圾桶）

（全班学生活动：清理桌上的垃圾，分类投入到这4个垃圾桶中）

（4）认识环保垃圾桶

（展示：环保垃圾桶）

师：在生活中，我们也要分类投放垃圾，你见过这种环保垃圾桶吗？你在哪里见过，能介绍一下吗？

班级活动与班集体教育

生：我在沙坪坝的步行街上见过这种环保垃圾桶。蓝色的桶是装可回收垃圾的，红色的桶是装不可回收垃圾的，中间的绿盒子是装废电池的。我还在环保垃圾桶中投放过垃圾。

3. 植树活动

师：环保小卫士们，经过大家的清理，嘉陵江边没有了垃圾，变得干干净净的，你们高兴吗？可是江边的树太少了，我们该什么办呢？

生：不要再砍树了。我们去植树，把这里变得绿绿的。

师：好吧！瞧！这些环保小卫士已经行动起来了。

（展示植树活动图）

师：看一看，说一说，这些环保小卫士在干什么？

生：有的小朋友在种树，有的小朋友在浇水，有的小朋友在提水……

师：观察植树活动的图，想一想，你能提出哪些数学问题呢？

（学生小组讨论，全班交流数学问题，并解答）

生：种树的有4人，浇水的有5人，提水的有4人，一共有多少人？

$(4+5+4=13)$

生：戴红领巾的有8人，没戴红领巾的有5人，一共有多少人？

$(8+5=13)$

生：有13个小朋友参加植树活动，有8人是少先队员，有几个小朋友不是少先队员？$(13-8=5)$

生：戴红领巾的有8人，没戴红领巾的有5人，戴红领巾的比没戴红领巾的多几个人？$(8-5=3)$

生：有7个小男孩，有6个小女孩，一共有多少个小孩？

$(7+6=13)$

生：有4个穿裙子的，有9个穿裤子的，穿裤子的比穿裙子的多几人？

$(9-4=5)$

生：左边有2棵树，中间有4棵树，右边有3棵树，一共有多少棵树？

$(2+4+3=9)$

生：有2个铁锹，7个水桶，水桶比铁锹多几个？$(7-2=5)$

第六章 班级活动中的社区服务与社会实践教育

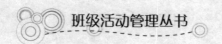

生：有4个红色的水桶，2个蓝色的水桶，1个黄色的水桶，一共有几个水桶？

（4＋2＋1＝7）

……

教师：同学们真能干，有的观察了人，有的观察了树，还有的观察了工具；有从"合"的角度提数学问题的，有从"分"的角度提数学问题的，还有从"比多少"的角度提数学问题的……只要大家仔细观察，认真思考，就能发现生活中存在许许多多的数学问题。

4. 环保行为大讨论

师：孩子们，作为一名环保小卫士，今天我们清理了垃圾，参加了植树活动。今后或者长大以后可以做哪些环保的事儿？谁愿意把你的想法或课前了解的情况说给小伙伴听一听？

（全班学生踊跃举手发言）

师：只要我们从现在做起，从身边的事做起，净化环境，绿化环境，美化环境，做一个环保的人，我们的家、我们的城市就会越来越美丽。

5. 评价小结

今天的实践活动就要结束了，你觉得自己或其他的小朋友表现得什么样？

生：我觉得自己表现得不错，我想出了5个数学问题，小组的小伙伴都表扬我了。

生：我觉得自己表现也不错，因为在爸爸的帮助下，在网上了解了许多环保知识，而且还把这些知识告诉了小伙伴，让大家都明白了。

生：这节课我表现得好，而且我把这节课学习的知识告诉了爸爸妈妈，让他们都做环保大卫士。

四、教师评析

《环保小卫士》这一实践活动课是以分类、认识物体、20以内数的认识和加减法为认知平台，以保护环境为基本情景，以学生参加环保活动为基本线索展开活动的。在本课设计上，我作了以下尝试：

1．创设生活情景

数学与生活息息相关。传统的数学教学严重脱离现实生活，形式抽象，内容枯燥，不易引起儿童的学习兴趣。数学实践活动从儿童熟悉的生活情景出发，结合儿童已有的生活经验与数学知识，开展丰富多彩、富有情趣、有意义的活动，使儿童感受到数学知识是有用的，数学方法可以解决实际问题。

教师选取儿童去过、玩过、见过的磁器口为情景，在欣赏嘉陵江美丽风光的同时，看到垃圾，引起儿童的思考，激发他们清理垃圾的行为愿望。教师展示学生在街头巷尾常见的环保垃圾桶，鼓励学生不仅要在课堂上分类投放垃圾，在生活中也要自觉分类投放垃圾，强化他们的环保意识；教师把书上植树图改为本班学生的植树情景图，引起学生仔细观察、认真思考，激发学生提出数学问题的兴趣。

2．培养实践能力

实践活动课主要目标是培养学生的实践能力。学生在动手、动口、动脑的活动中，去解决实际问题，应用数学知识。在本课中，学生小组合作，动手清理垃圾，尝试用多种不同的方法给垃圾分类，体会分类方法的多样性；学生自主活动，独立思考，观察植树，从不同的角度提出了许多数学问题，进行了有效的交流。学生与家长一起进行活动，通过看书、上网、咨询等方式收集环保信息，交流信息，增长见识。

综合实践活动课，把课堂与社会及学生的实际生活紧紧联系起来，把

第六章 班级活动中的社区服务与社会实践教育

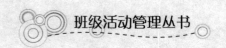

个体活动、小组活动、家庭活动有机地结合起来。儿童活动的时间与空间得到延伸，参与实践活动的范围扩大了，增加了教师进行组织、引导与参与实践活动的难度。教师在设计本课时采取了课内活动与课外活动相结合、实地活动与模拟活动相结合、部分学生活动与全体学生活动相结合的方式。课前教师与部分学生到嘉陵江边拾垃圾并以录像展示给全体学生，课堂上全班学生动手操作、尝试用多种方法分类清理模拟垃圾，课后实地活动清理家中的垃圾。

五、专家点评

本次活动采用真实场景与模拟场景相结合的形式，从儿童熟悉的生活事例（江边有垃圾）出发，安排一系列的实践活动，让儿童真实感受到环保就在身边，保护环境就要从身边的事做起。实践活动的内容有一定的综合性。儿童在对"垃圾"进行分类处理时，综合应用了分类、认识物体等数学知识，在植树活动中应用了数的认识及运算。通过展现和认识知识的内在联系，形成对数学知识的整体认识。实践活动要以实践、探索为主线。

儿童在整个活动中积极性、主动性得以充分发挥，他们分工合作，讨论尝试，积极思考，寻找答案，解决问题。活动的形式要多样化，要采取儿童喜闻乐见、生动有趣的活动形式。

本次活动采取了课内与课外结合、实际操作与模拟操作结合，小活动、小调查与小讨论结合，关注现实情景与展望美好远景结合，符合儿童的年龄特征与认知活动水平。

【案例】

给街道黑板擦亮眼

一、活动背景

随着城镇的发展与建设，素以"鱼米之乡、丝绸之府、文化之邦"闻名的古镇石门每天都会迎来一批又一批慕名而来的参观者。随着外地游客的增多，细心的学生们发现了一个问题：小镇街道内部分作宣传用的小黑板，竟成了商品广告的宣传栏，什么"谓尔舒"、"天地通"治疗仪之类的全上小黑板了，这不仅影响了小镇的镇容镇貌，给小镇的创卫工作带来了一定的难度，同时也使那些乱张贴乱涂画的人有了可乘之机。

班级决定利用街道内的小黑板开展探究活动，让学生通过调查街道内小黑板报的用途与人们对黑板报的关注程度，体验做一个社会小公民的责任感。

二、活动目标

1. 认知目标：通过调查、访谈，了解街道内小黑板报的用途与人们对黑板报的关注程度，黑板报的现状与前景等方面存在的差异，并结合自己的设想，就今后街道内小黑板的发展提出一些建设性的建议。

2. 能力目标：在活动中锻炼学生的社会实践能力，培养团队合作精神、与人交往的能力，学会寻找信息，提高分析处理信息的能力。培养学生经常观察生活的习惯，提高审美能力和写作能力。在活动中培养学生的探究能力、社会调查能力、动手能力、创新能力和与人交往、合作的

第六章 班级活动中的社区服务与社会实践教育

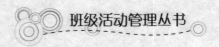

能力。

3. 情感目标：通过调查研究，获得丰富的经验和积极的情感体验，分享合作与交往的快乐，激发学生热爱家乡的思想感情，体验做一个社会小公民的责任感。

三、活动过程

活动一："哭泣的黑板"（师生谈话）

师：同学们，最近有同学向老师反映，我们石门镇街道内作宣传用的小黑板，竟成了商品广告的宣传张贴处了，不知你们有没有看到这种现象？

生1：我看到过。

生2：确实是这样的，我天天路过堰桥浜，那边的小黑板上全是广告纸，什么"谓尔舒"、"天地通"治疗仪之类的广告张贴在那儿，很难看。

师：听了同学们的发言，我想：同学们，你们是石门人，对于这种现象有什么话想说？

（学生自由讨论，交流）

生1：这给我们镇的创卫工作带来了一定的难度，前一阵子我们石门镇在迎接创建省级卫生城镇复查，我想，如果这种现象存在，肯定会影响我们石门镇的镇容镇貌。

生2：我好像听到黑板在哭泣，我们该想个办法治一治了……

师：那么要解决这种现象，你们准备怎么研究呢？

（学生自由讨论，提出设想）

如：A. 调查街道内黑板报的分布、数量，查查街道内小黑板的破坏程度及破坏的原因所在。

B. 查查行人每天最关心的是什么事。

C. 联系石门城建办，提出整治建议。

班级活动与班集体教育

活动二：分组，落实任务

根据学生的兴趣，分成调查统计组，资料收集组。每组选出一名责任心强的同学任组长。

调查统计组：调查街道内黑板报的分布、数量。调查街道内小黑板的破坏程度及破坏的原因所在。

资料收集组：统计行人每天最关心的是什么事。走访各街道，统计小黑板的用途。收集行人关心最关心的事的相关资料。

活动三：开展调查研究（历时：2周）

1. 调查统计组：教师提供石门镇的地图，学生熟悉街道内每一块小黑板的分布情况。学生利用课余时间走一走，记下每一块小黑板的具体地址。再走访石门镇路过的行人，调查取证，了解街道内小黑板的破坏程度及破坏的原因所在。

2. 资料收集组：资料收集组同学询问路过的行人，统计行人每天最关心的是什么事。走访各街道，统计小黑板的用途。

（在2周的活动中，教师随机了解学生的调查情况，适当给予帮助指导）

活动四：成果展示
以班队活动的形式来对本次活动进行总结交流：

1. 介绍街道内黑板报的分布、数量及破坏程度。

2. 调查统计组介绍街道内小黑板被破坏的原因所在。

3. 资料收集组介绍人们最关心的事。

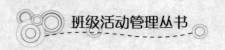

4. 活动总结：针对以上情况，决定向镇政府及各街道办提出建议。

活动五：向有关部门提交调查结果

1. 向石门镇政府及各街道办提交建议信，半个月后，石门镇政府同意了同学们的建议，并对各街道内的 17 块黑板报进行了一次粉刷，还在石门集贸市场门口等 5 处地方增设了黑板报宣传栏。同学们经过讨论，也对黑板报宣传的分工作了安排。

2. 确定各街道宣传包干人员。

四、活动延伸

通过近 3 周的调查研究，同学们掌握了很多知识，收获可真不小。请学生根据自己参与活动的情况，畅谈感受，写出体验日记。